어휘가
독해다!

초등 국어 어휘

2단계

초등 1~2학년 권장

⬇ 정답과 해설은 EBS 초등사이트(primary.ebs.co.kr)에서 다운로드 받으실 수 있습니다.

| 교 재 내 용 문 의 | 교재 내용 문의는 EBS 초등사이트 (primary.ebs.co.kr)의 교재 Q&A 서비스를 활용하시기 바랍니다. | 교 재 정오표 공 지 | 발행 이후 발견된 정오 사항을 EBS 초등사이트 정오표 코너에서 알려 드립니다. 교재 검색 ▶ 교재 선택 ▶ 정오표 | 교 재 정 정 신 청 | 공지된 정오 내용 외에 발견된 정오 사항이 있다면 EBS 초등사이트를 통해 알려 주세요. 교재 검색 ▶ 교재 선택 ▶ 교재 Q&A |

어휘가 독해다!

초등 국어 어휘

2단계

초등 1~2학년 권장

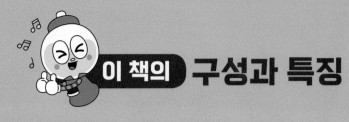

이 책의 구성과 특징

쑥쑥 어휘 실력!!
읽기 잡고 국어 잡고~

· 어휘 공부를 통해 읽기와 국어 공부를 함께할 수 있습니다.
· 초등학교 교과서에 자주 나오는 어휘를 학습할 수 있습니다.
· 쉽고 재미있게 어휘를 공부할 수 있습니다.

어휘 공부를 하기 전에 그림으로 먼저 만나 보아요. 쉽고 재미있게 어휘 공부를 시작할 수 있어요.

초등학교 교과서에 자주 나오는 어휘들을 그림을 통해 공부해 보아요. 비슷한말까지 공부하고 나면 어휘 실력이 한 단계 올라갈 수 있을 거예요.

헷갈리거나 함께 알아 두면 좋은 어휘를 공부할 수 있어요. 문제도 꼭 풀어 보아요.

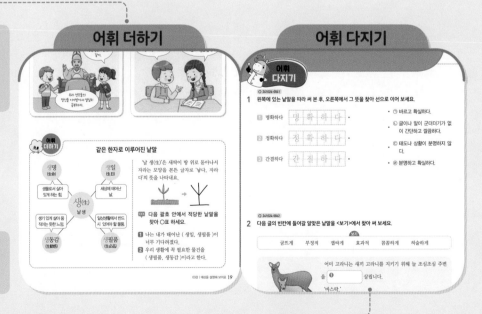

문항을 통해 배운 어휘를 얼마나 이해했는지 확인해 보아요.

어휘 활용하기

어휘 굳히기

앞에서 배운 어휘가 사용된 지문을 읽고 독해 문제를 풀어 보아요.

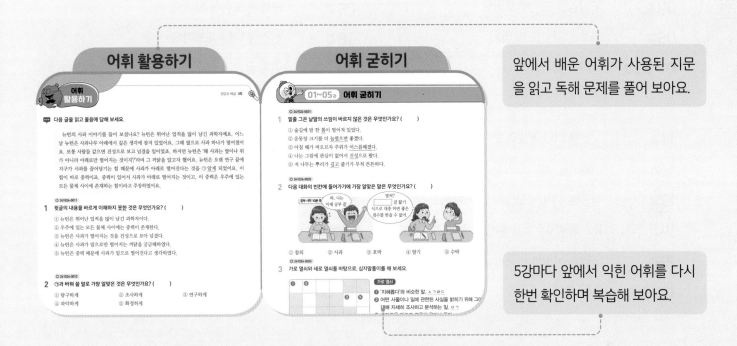

5강마다 앞에서 익힌 어휘를 다시 한번 확인하며 복습해 보아요.

앞에서 배운 어휘들이 들어간 문장으로 받아쓰기를 해 보아요. QR 코드를 찍으면 선생님 음성이 나와요.

내가 풀어 본 문제들의 해설을 확인해 보아요.

받아쓰기

정답과 해설

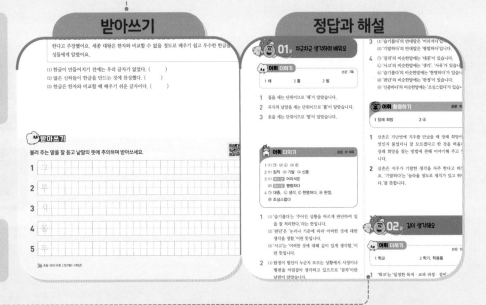

* 본문 뒤쪽에 위치한 학습 진도표에 붙임딱지를 붙여 학습 상황을 한눈에 확인해 보아요.
* EBS 초등사이트에서 어휘 학습 부가 자료 다운로드 제공

차 례

인공지능 DANCHOQ 푸리봇 문|제|검|색

EBS 초등사이트와 EBS 초등 APP 하단의 AI 학습도우미 푸리봇을 통해 문항코드를 검색하면 푸리봇이 해당 문제의 해설 강의를 찾아 줍니다.

문제별 문항코드 확인

[241024-0001]

1. 아래 그래프를 이해한 내용으로 가장 적절한 것은?

241024-0001

문항코드 검색

그림으로 생각해 봐요

와! 이 공익 광고는 정말 기발한 아이디어야. 바다에 버려진 쓰레기들이 얼마나 많은지 짐작돼.

바닷속에 사는 생물들을 생각하면 일회용품의 사용을 신중하게 판단해야 해.

어떻게 하면 바다의 쓰레기 문제를 슬기롭게 해결할 수 있을까?

앞으로 환경 오염에 대한 사고를 폭넓게 해야겠어.

💬 아래에 있는 낱말들 중에서 그 뜻을 잘 알고 있는 낱말에 ✓표를 하세요.

☐ 사고	☐ 기발하다	☐ 신중하다
☐ 짐작	☐ 판단	☐ 슬기롭다

사고 🔍

어떠한 것에 대해 깊이 있게 생각함.

비슷한말 생각

기발하다 🔍

놀라울 정도로 재치가 있고 뛰어나다.

반대말 평범하다

신중하다 🔍

매우 조심스럽다.

비슷한말 조심스럽다

반대말 경솔하다

짐작 🔍

사정이나 형편 등을 어림잡아 생각함.

비슷한말 대중

판단

논리나 기준에 따라 어떠한 것에 대한 생각을 정함.

비슷한말 판정

엄마, 저 사람은 나쁜 사람 같아요.

사람을 겉모습만 보고 판단해서는 안 된단다.

슬기롭다

주어진 상황 등을 바르게 판단하여 일을 잘 처리하다.

비슷한말 현명하다　**반대말** 어리석다

학교생활을 슬기롭게 하고 있구나!

다쳤구나, 내가 가방 들어 줄게.

어휘 더하기

수량의 단위를 나타내는 낱말

- **채**: 집을 세거나, 큰 기구, 기물, 가구 등을 세거나 이불을 세는 단위. **예** 집 다섯 채
- **벌**: 옷을 세는 단위. **예** 옷이 작아져서 새 옷을 세 벌이나 샀다.
- **톨**: 밤이나 곡식의 낟알을 세는 단위. **예** 쌀 한 톨이라도 남기지 말자.

💬 **다음 괄호 안에서 적당한 낱말을 찾아 ○표 하세요.**

1 놀부는 으리으리한 기와집이 열 (개, 채)도 넘게 있었다.

2 쌀 한 (척, 톨)이라도 함부로 버리면 안 된다.

3 흥부는 옷이 한 (벌, 단)밖에 없었다.

▶ 241024-0001

1 왼쪽에 있는 낱말을 따라 써 본 후, 오른쪽에서 그 뜻을 찾아 선으로 이어 보세요.

1 슬기롭다   슬 기 롭 다 ·

2 판단   판 단 ·

3 사고   사 고 ·

· ㉠ 주어진 상황을 바르게 판단 하여 일을 잘 처리하다.

· ㉡ 논리나 기준에 따라 어떠한 것에 대한 생각을 정함.

· ㉢ 어떠한 것에 대해 깊이 있 게 생각함.

▶ 241024-0002

2 다음 만화에서 빈칸에 들어가기에 알맞은 낱말을 <보기>에서 찾아 쓰세요.

보기

기발   신중   짐작

1

탐정님, 이번 사건의 범인은 누구일까요?

흠. 제 [   ]으로는, 범인은 바로 이 사람입니다!

2

이번에 과학 발명 대회에 나가야 하는데, 뭔가 [   ]한 아이디어가 없을까?

아! 그래 바로 이거야!

3

저는 간을 빼놓고 와서 지금 저를 죽이시면 간을 드릴 수 없습니다.

이를 어쩐다. 토끼를 다시 육지로 보내야 하나…… [   ]하게 생각해야 될 텐데……

241024-0003

3 다음 밑줄 그은 말의 반대말을 써 보세요.

1 우리 1학년들은 모두 <u>슬기로운</u> 생활을 하고 있다. →

2 너의 생각이 정말 <u>기발하다</u>. →

241024-0004

4 다음 낱말들과 비슷한 낱말에는 어떤 것들이 있을까요? 사다리를 따라 내려간 다음 <보기>에서 찾아 쓰세요.

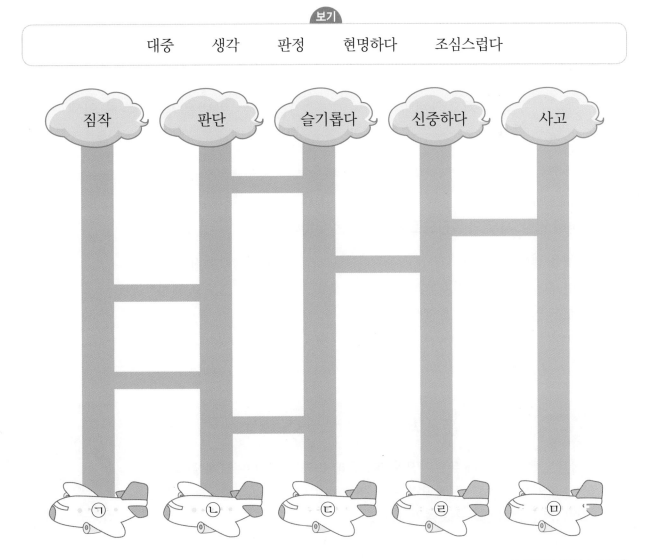

보기

대중   생각   판정   현명하다   조심스럽다

짐작   판단   슬기롭다   신중하다   사고

ㄱ   ㄴ   ㄷ   ㄹ   ㅁ

💬 다음 글을 읽고 물음에 답해 보세요.

> 사랑하는 조카 지우에게
>
> 지우야, 잘 지내고 있니? 지난번에 만났을 때 장래 희망이 무엇인지 물었더니 잘 모르겠다고 했었지? 너에게 맞는 장래 희망을 찾는 방법을 이야기해 줄게.
>
> 우선 책을 많이 읽어 봤으면 좋겠다. 책은 다양하고 폭넓은 사고를 할 수 있게 해 준단다. 그리고 직접 경험해 보지 못한 일들에 관한 이야기를 읽으면서 그 일에 대해 짐작할 수 있게 도움을 주지.
>
> 그리고 다양한 활동을 해 보기를 바란다. 여러 가지 활동을 하면서 '내가 어떤 것에 흥미를 제일 많이 느낄까?' 하고 신중하게 생각해 보고 슬기롭게 판단하면 좋겠다.
>
> 삼촌하고 놀 때 보니 너는 기발한 생각을 자주 하더구나. 다음에 만날 때는 지우가 원하는 장래 희망을 찾았기를 바란다. 그럼 잘 지내고 있으렴.

▶ 241024-0005

1 윗글을 쓴 목적을 다음과 같이 정리할 때, 빈칸에 들어갈 알맞은 말을 윗글에서 찾아 쓰세요.

> 조카 지우에게 ( )을 찾는 방법을 알려 주기 위해

▶ 241024-0006

2 삼촌이 말한 '지우'의 특징으로 알맞은 것은 무엇인가요? ( )

① 책을 많이 읽는다.　　　　　② 깊이 생각하지 않는다.
③ 언제나 신중하게 판단한다.　　④ 놀라울 정도로 재치가 있다.
⑤ 모든 일에 지나치게 조심스러워한다.

뜻을 세우다 이루려고 하는 목표를 정하다.

어떤 일을 시작할 때 목표의 있음과 없음에 따라 그 결과는 크게 달라져요. 어휘 공부를 시작하기 전에 먼저 뜻을 분명하게 세우는 것이 중요해요. 뜻을 세웠으면 당연히 행동으로 옮겨야겠죠?

02강 깊이 생각해요

그림으로 생각해 봐요

💬 아래에 있는 낱말들 중에서 그 뜻을 잘 알고 있는 낱말에 ✓표를 하세요.

☐ 확정   ☐ 연구   ☐ 주장하다

☐ 까닭   ☐ 파악   ☐ 건성

확정

확실하게 정함.

비슷한말 작정

반대말 미확정

연구

어떤 사물이나 일에 관련된 사실을 밝히기 위해 그에 대해 자세히 조사하고 분석하는 일.

비슷한말 탐구

주장하다

자신의 의견이나 신념을 굳게 내세우다.

비슷한말 내세우다

까닭

어떠한 일이 생기거나 일을 하게 된 이유나 사정.

비슷한말 때문, 이유

파악 🔍

어떤 일이나 내용을 확실하게 이해하여 앎.

비슷한말 이해

새로 맡은 사건은 잘 진행되나?

아직 제대로 파악을 못 했어.

건성 🔍

주의를 하지 않고 별생각 없이 대충하는 태도.

비슷한말 대강, 대충

3분 만에 벌써? 책을 건성으로 읽으면 읽으나 마나다.

책 다 읽었어요.

어휘 더하기

같은 한자로 이루어진 말

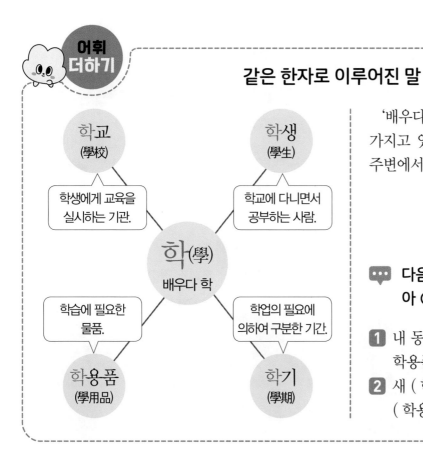

학교 (學校) — 학생에게 교육을 실시하는 기관.

학생 (學生) — 학교에 다니면서 공부하는 사람.

학 (學) 배우다 학

학용품 (學用品) — 학습에 필요한 물품.

학기 (學期) — 학업의 필요에 의하여 구분한 기간.

'배우다 학(學)'은 배움, 학문이란 뜻을 가지고 있어요. '學' 자가 들어간 낱말을 주변에서 찾아보아요.

💬 **다음 괄호 안에서 적당한 낱말을 찾아 ○표 하세요.**

1 내 동생은 이번에 초등(학교, 학용품)에 입학할 예정이다.

2 새 (학기, 학교)가 되어 엄마가 (학용품, 학기)을 사 주셨다.

▶ 241024-0007

1 왼쪽에 있는 낱말을 따라 써 본 후, 오른쪽에서 그 뜻을 찾아 선으로 이어 보세요.

① 주장하다　｜주｜장｜하｜다｜　•

② 연구　｜연｜구｜　•

③ 확정　｜확｜정｜　•

• ㉠ 확실하게 정함.

• ㉡ 사실을 밝히기 위해 조사하고 분석하는 일.

• ㉢ 자신의 의견이나 신념을 굳게 내세우다.

▶ 241024-0008

2 다음 만화에서 빈칸에 들어가기에 알맞은 낱말을 <보기>에서 찾아 쓰세요.

보기

까닭　　건성　　파악

241024-0009

3 다음 밑줄 그은 말의 비슷한말을 써 보세요.

1 종이접기 할 때 <u>건성</u>으로 접으면 모양이 흐트러진다. →

2 이 일을 내가 제대로 <u>파악</u>하고 있는지 궁금했다. →

241024-0010

4 다음 그림의 낱말과 비슷한 낱말에는 어떤 것들이 있을까요? <보기>에서 비슷한 낱말과 해당하는 색을 찾아 색칠해 보세요.

보기

파란색: 연구, 주장하다, 까닭   회색: 건성, 파악, 확정

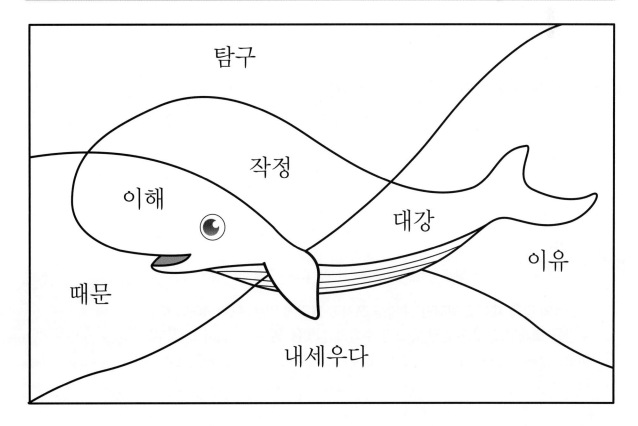

탐구

작정

이해

대강

이유

때문

내세우다

💬 **다음 글을 읽고 물음에 답해 보세요.**

> 뉴턴의 사과 이야기를 들어 보셨나요? 뉴턴은 뛰어난 업적을 많이 남긴 과학자예요. 어느 날 뉴턴은 사과나무 아래에서 깊은 생각에 잠겨 있었어요. 그때 옆으로 사과 하나가 떨어졌어요. 보통 사람들 같으면 건성으로 보고 넘겼을 일이었죠. 하지만 뉴턴은 '왜 사과는 옆이나 위가 아니라 아래로만 떨어지는 것이지?'라며 그 까닭을 알고자 했어요. 뉴턴은 오랜 연구 끝에 지구가 사과를 끌어당기는 힘 때문에 사과가 아래로 떨어진다는 것을 ㉠알게 되었어요. 이 힘이 바로 중력이죠. 중력이 있어서 사과가 아래로 떨어지는 것이고, 이 중력은 우주에 있는 모든 물체 사이에 존재하는 힘이라고 주장하였어요.

▶ 241024-0011

1 윗글의 내용을 바르게 이해하지 <u>못한</u> 것은 무엇인가요? (   )

① 뉴턴은 뛰어난 업적을 많이 남긴 과학자이다.
② 우주에 있는 모든 물체 사이에는 중력이 존재한다.
③ 뉴턴은 사과가 떨어지는 것을 건성으로 보아 넘겼다.
④ 뉴턴은 사과가 밑으로만 떨어지는 까닭을 궁금해하였다.
⑤ 뉴턴은 중력 때문에 사과가 밑으로 떨어진다고 생각하였다.

▶ 241024-0012

2 ㉠과 바꿔 쓸 말로 가장 알맞은 것은 무엇인가요? (   )

① 탐구하게   ② 조사하게   ③ 연구하게
④ 파악하게   ⑤ 확정하게

수박 겉 핥기
어떤 일이나 사물의 속 내용은 잘 모르고 겉만 건드림을 뜻하는 말.

수박의 맛을 제대로 보려면, 수박을 쪼개어 빨갛게 익은 속을 먹어야 해요. 수박을 쪼개지도 않고 겉만 핥으면 수박의 참맛을 알 수가 없어요. 공부도 마찬가지예요. 건성으로 수박 겉 핥기 식으로 공부하면 절대 실력이 늘지 않아요.

03강 대상을 설명해 보아요

그림으로 생각해 봐요

💬 아래에 있는 낱말들 중에서 그 뜻을 잘 알고 있는 낱말에 ✓표를 하세요.

☐ 헷갈리다	☐ 집중하다	☐ 관련
☐ 구별하다	☐ 정신	☐ 비교하다

헷갈리다

1. 정신이 어지럽고 혼란스럽게 되다.
2. 여러 가지가 뒤섞여 일의 방향을 잡지 못하다.

비슷한말 갈팡질팡하다, 헛갈리다

집중하다

1. 한곳을 중심으로 하여 모이다. 또는 그렇게 모으다.
2. 한 가지 일에 모든 힘을 쏟아붓다.

비슷한말 몰두하다, 골몰하다

반대말 분산하다

관련

둘 이상의 사람, 사물, 현상 등이 서로 영향을 주고받도록 관계를 맺고 있음. 또는 그 관계.

비슷한말 연관, 상관

구별하다

성질이나 종류에 따라 갈라놓다.

비슷한말 구분하다, 갈라놓다, 분류하다

정신 🔍

1. 사물을 느끼고 생각하고 판단하는 힘.
2. 마음의 자세나 태도.

비슷한말 얼, 생각, 의식

비교하다 🔍

둘 이상의 것을 함께 놓고 어떤 점이 같고 다른지 살펴보다.

비슷한말 대비하다, 견주다

어휘 더하기

같은 한자로 이루어진 낱말

생명(生命)
생물로서 살아 있게 하는 힘.

생일(生日)
세상에 태어난 날.

생(生) 날 생

생동감(生動感)
생기 있게 살아 움직이는 듯한 느낌.

생필품(生必品)
일상생활에서 반드시 있어야 할 물품.

'날 생(生)'은 새싹이 땅 위로 돋아나서 자라는 모양을 본뜬 글자로 '낳다, 자라다'의 뜻을 나타내요.

💬 **다음 괄호 안에서 적당한 낱말을 찾아 ○표 하세요.**

1 나는 내가 태어난 (생일, 생필품)이 너무 기다려졌다.
2 우리 생활에 꼭 필요한 물건을 (생필품, 생동감)이라고 한다.

▶ 241024-0013

1 왼쪽에 있는 낱말을 따라 써 본 후, 오른쪽에서 그 뜻을 찾아 선으로 이어 보세요.

1 헷갈리다　헷 갈 리 다 ・

2 정신　정 신 ・

3 관련　관 련 ・

・ ㉠ 마음의 자세나 태도.

・ ㉡ 서로 영향을 주고받도록 관계를 맺고 있음.

・ ㉢ 정신이 어지럽고 혼란스럽게 되다.

▶ 241024-0014

2 다음 만화에서 빈칸에 들어가기에 알맞은 낱말을 <보기>에서 찾아 쓰세요.

보기

관련　구별　비교　정신　집중

1

2

3

241024-0015

3 다음 초성을 참고하여 밑줄 그은 낱말과 비슷한 낱말을 써 보세요.

1️⃣ 맛있는 음식 냄새가 진동하자 수업에 <u>집중하기</u> 어려웠다.

➡ | ㅁ | ㄷ | ㅎ | ㄱ |

2️⃣ 너무 무서워서 <u>정신</u>을 잃었다.

➡ | ㅇ | ㅅ |

241024-0016

4 <보기>의 낱말들은 어디에 숨어 있을까요? 숨어 있는 낱말들을 찾아 ○표 하세요.

보기

| 감정 | 관련 | 연관 | 정신 | 집중 | 구별하다 | 비교하다 |

나	임	구	소	집	중
쉬	방	별	담	르	부
비	교	하	다	사	해
흔	루	다	작	이	숙
연	지	마	크	감	정
관	련	위	주	현	신

💬 다음 글을 읽고 물음에 답해 보세요.

> 바닷속에는 다양한 동물과 식물이 살아가고 있다. 그중에는 식물인지, 동물인지 헷갈리는 생물도 있다. 그중 가장 대표적인 생물이 산호이다.
>
> 동물과 식물을 구별하는 대표적인 기준 중 하나는 스스로 움직일 수 있느냐이다. 대부분의 산호는 다른 곳으로 옮겨 가지 않고 한자리에서 여럿이 모여 살아간다. 하지만 움직일 수 있는 근육이 있어 옮겨 다니며 사는 산호도 있다.
>
> 동물은 식물과 달리 먹이를 사냥해서 영양분을 얻는다. 산호도 다른 동물처럼 사냥을 한다. 산호는 해파리처럼 여러 개의 촉수를 가지고 있는데, 먹잇감이 촉수 끝에 닿으면 숨겨 놓은 독침을 발사해 먹이를 사냥한다. 그런 다음 힘이 약해진 먹이를 촉수로 휘감아 입에 넣어 삼킨다.
>
> 이런 점에서 산호는 (㉠   )에 속한다.

▶ 241024-0017

1 윗글의 내용을 <u>잘못</u> 이해한 것은 무엇인가요? (   )

① 산호는 바닷속에서 살아간다.

② 산호는 여럿이 함께 모여 산다.

③ 산호는 먹이를 사냥해서 먹고 산다.

④ 산호와 해파리는 둘 다 촉수를 가지고 있다.

⑤ 모든 산호는 이동하지 않고 한자리에서만 산다.

▶ 241024-0018

2 윗글의 내용을 바탕으로 할 때, ㉠에 들어갈 낱말을 쓰세요.

(   )

어휘 펼치기

바다 같다 매우 넓거나 깊다.

흔히 부모님의 사랑과 은혜를 바다에 빗대어 표현해요. 바다처럼 넓고 깊다는 것을 강조하기 위해서이죠. 그래서 '어머님 은혜'라는 노래에는 '어머님 은혜 푸른 바다 그보다도 넓은 것 같아'라는 가사가 있어요.

움직임을 표현해 보아요

수수께끼를 맞혀 봐요!

> 아침에는 네 발로 걷고,
> 점심에는 두 발로 걷고,
> 저녁에는 세 발로 걷는
> 것은 무엇인가?

답은 ➡ **사람**

답은 '사람'입니다. 사람은 태어나서는 두 팔과 두 다리로 기어다니고, 자라면서 두 발로 걸어 다니고, 할아버지 할머니가 되어서는 지팡이를 짚고 다닙니다. 움직이는 모습을 나타낸 낱말을 공부해 봅시다.

💬 아래에 있는 낱말들 중에서 그 뜻을 잘 알고 있는 낱말에 ✓표를 하세요.

☐ 갉다	☐ 수그리다	☐ 으쓱하다
☐ 쪼그리다	☐ 기지개	☐ 핥다

어휘 익히기

갉다

날카로운 것으로 조금씩 긁거나 뜯다.

비슷한말 긁다

상추에 구멍이 났어요!

애벌레가 잎을 갉아 먹었나 보구나!

수그리다

몸이나 몸의 일부를 안으로 숙이다.

비슷한말 숙이다, 굽히다

왜 이렇게 고개를 수그리고 있니?

머리가 아파요.

으쓱하다

1. 어깨가 한 번 올라갔다 내려오다.
   반대말 처지다
2. 어깨가 한 번 올라갔다 내려오며 뽐내다.

이번에 학교에서 상을 받았어요.

그래서 우리 아들의 어깨가 으쓱하구나!

쪼그리다

팔다리를 접거나 모아서 몸을 작게 옴츠리다.

비슷한말 쭈그리다, 움츠리다, 오그리다

계속 쪼그려 앉아 있어서 다리가 좀 아프지만 재미있어요.

씨앗을 심는 것이 힘들지 않니?

기지개

팔이나 다리를 쭉 뻗으며 몸을 펴는 일.

함께 쓰는 말 기지개를 켜다

경수야, 일어나!
기지개 한 번 켜고
잠을 깨렴.

오 분만 더 자고
싶어요.

핥다

어떤 물체의 겉을 혀가 살짝 닿으면서
지나가게 하다.

강아지가 엄청 작아.
태어난 지 얼마
안 된 것 같아.

저것 봐.
어미 개가 강아지를
핥아 주고 있어!

어휘 더하기

헷갈리는 낱말 <느리다 vs. 늘이다>

느리다
어떤 행동을 하는 데 걸리는 시간이 길다.

늘이다
어떤 것을 원래보다 더 길게 하다.

우리가 자주 헷갈려서 틀리게 쓰는 말 중에 '느리다'와 '늘이다'가 있어요.

'느리다'는 '속도'와 관련이 있어요. 빠르지 않은 것, 천천히 하는 것을 말해요.

'늘이다'는 '길이'와 관련이 있어요. 어떤 것을 길쭉하게 만드는 것을 말해요.

💬 **다음 괄호 안에서 적당한 낱말을 찾아 ○표 하세요.**

1 토끼는 빠르고, 거북이는 (느리다,
늘이다).

2 치즈를 (느리다, 늘이다).

▶ 241024-0019

1 왼쪽에 있는 낱말을 따라 써 본 후, 오른쪽 상황에 알맞은 낱말을 찾아 선으로 이어 보세요.

1 핥아

핥	아

2 으쓱해

으	쓱	해

3 기지개

기	지	개

4 쪼그려

쪼	그	려

㉠ 아이스크림을 혀로 (   ) 먹어요.

㉡ (   ) 앉았더니 다리가 아팠어요.

㉢ 아침에 일어나서 (   )를 켰어요.

㉣ 선생님께 칭찬을 받아서 어깨가 (   )요.

▶ 241024-0020

2 다음 만화에서 빈칸에 들어가기에 알맞은 낱말을 <보기>에서 찾아 쓰세요.

보기

핥아	느려	늘여	으쓱	쪼그려

1

애벌레가 나뭇잎을 [   ] 먹었습니다.

2

인터넷 속도가 너무 [   ]요.

241024-0021

3 다음 그림을 보고, 누가 무엇을 하고 있는지 바르게 나타낸 것에 〇표 하세요.

 수진　 진희　 다혜　 경민　 민영

1 수진이는 몸을 수그리고 운동을 합니다. (　)
2 진희는 기지개를 켰습니다. (　)
3 다혜는 어깨를 으쓱했습니다. (　)
4 경민이는 몸을 쪼그리며 인사를 합니다. (　)
5 민영이는 사탕을 핥아 먹습니다. (　)

241024-0022

4 알맞은 낱말을 찾아 기호를 적어 보세요.

1 어깨가 한 번 올라갔다 내려오다. (　)
2 팔다리를 접거나 모아서 몸을 작게 옴츠리다. (　)
3 어떤 것을 원래 것보다 더 길게 하다. (　)

㉠ 수그리다　㉡ 쪼그리다
㉢ 으쓱하다　㉣ 늘이다
㉤ 느리다　㉥ 핥다

4 어떤 행동을 하는 데 걸리는 시간이 길다. (　)
5 어떤 물체의 겉을 혀가 살짝 닿으면서 지나가게 하다. (　)
6 몸이나 몸의 일부를 안으로 숙이다. (　)

다음 글을 읽고 물음에 답해 보세요.

2020○년 ○월 ○일 ○요일 날씨: 구름 낀 날

부모님을 따라 세 시간 동안 차를 타고 할머니를 뵈러 시골에 갔다. 차에서 내리자마자 할머니를 부르며 뛰어갔다. 할머니께서 환하게 웃으시며 안아 주셨다. 많이 컸다고 칭찬해 주시니 ㉠ 어깨가 으쓱했다. 강아지와 고양이도 우리를 반겨 주었다.

할머니께서 차려 주신 음식을 맛있게 먹고 마당으로 나왔는데 강아지와 고양이가 안 보였다. 여기저기 살피며 찾아보았다. 강아지는 마당 한구석에서 이빨로 나무토막을 갉고 있었다. 몸을 수그려서 마루 밑을 들여다보니 고양이는 거기에 쪼그리고 앉아 있었다. 나와 눈이 마주치자 밖으로 나와 기지개를 켰다. 가만히 손을 내미니 고양이가 다가와 내 손을 이리저리 핥았다. 고양이와 재밌게 놀고 있으니 강아지도 나에게 뛰어와 함께 놀았다.

▶ 241024-0023

1 윗글에서 글쓴이가 경험한 것이 <u>아닌</u> 것은 무엇인가요? (   )

① 기지개를 켠 일
② 고양이가 손을 핥은 일
③ 음식을 맛있게 먹은 일
④ 할머니께서 안아 주신 일
⑤ 강아지와 고양이를 찾아본 일

▶ 241024-0024

2 글쓴이가 ㉠과 같이 느낀 이유는 무엇인지 빈칸에 알맞은 말을 쓰세요.

할머니께서 (   )고 칭찬해 주셨기 때문이다.

고양이 개 보듯
사이가 매우 나빠서 서로 해칠 기회만 찾는 모양을 뜻하는 말.

'고양이와 개'는 주로 사이가 좋지 않은 관계를 뜻하는 말로 쓰여요. 사이가 나쁘니 서로를 바라보는 눈빛도 좋을 수가 없겠죠? 혹시 주변에 '고양이 개 보듯' 하는 사람이 있다면 빨리 화해하고 좋은 관계를 맺도록 노력해 봐요.

그림으로 생각해 봐요

 다음 낱말과 어울리는 그림을 골라 보세요.

1 무리하다

가

나

2 여물다

가

나

 아래에 있는 낱말들 중에서 그 뜻을 잘 알고 있는 낱말에 ✓표를 하세요.

☐ 두루뭉술하다	☐ 무리하다	☐ 어스름하다
☐ 여물다	☐ 홀딱	☐ 흥미진진하다

두루뭉술하다

1. 모나거나 튀지 않고 둥그스름하다.
2. 말, 행동이나 태도 등이 분명하지 못하다.

무리하다

1. 정도가 지나쳐서 적당한 범위에서 벗어나다.
2. 도리나 이치에 어긋나 있거나 정도가 지나치게 심하다.

어스름하다

조금 어둡다. 조금 어둑한 듯하다.

비슷한말 어슬하다, 어스레하다

반대말 밝다

여물다

과실이나 곡식 등이 알이 들어 딴딴하게 잘 익다.

비슷한말 영글다

홀딱

1. 남김없이 벗거나 벗어진 모양.
2. 조금 빠르게 한 번에 뒤집거나 뒤집히는 모양.

어디 한번 뒤집어 봐!

홀딱 뒤집어져라!

흥미진진하다

넘쳐흐를 정도로 흥미가 매우 많다.

스파이더맨 영화는 아주 흥미진진해요.

어휘 더하기

'깁다'와 깊다'를 알아볼까요?

깁다

구멍이 나거나 닳아서 떨어진 곳에 다른 조각을 대거나 그대로 꿰매는 것을 말해요.
㉠ 양말을 깁다.

깊다

위에서 밑바닥까지 또는 겉에서 속까지의 거리가 먼 것을 말해요.
㉠ 우물이 깊다.

💬 **다음 괄호 안에서 적당한 낱말을 찾아 〇표 하세요.**

1 (깊은, 깁은) 산속 옹달샘 누가 와서 먹나요?

2 구멍 난 양말을 손바느질로 (깊다, 깁다)가 바늘에 찔렸어요.

▶ 241024-0025

1 왼쪽에 있는 낱말을 따라 써 본 후, 오른쪽에서 그 뜻을 찾아 선으로 이어 보세요.

1 두루뭉술하다(2개의 뜻 찾기)

두	루	뭉	술	하	다

• ㉠ 말, 행동이나 태도 등이 분명하지 못하다.

• ㉡ 모나거나 튀지 않고 둥그스름하다.

2 홀딱

홀	딱

• ㉢ 조금 빠르게 한 번에 뒤집거나 뒤집히는 모양.

• ㉣ 정도가 지나쳐서 적당한 범위를 벗어나다.

3 어스름하다

어	스	름	하	다

• ㉤ 조금 어둑한 듯하다.

▶ 241024-0026

2 다음 문장이 자연스럽게 이어지도록 선으로 이어 보고, 문장에 어울리는 붙임 딱지를 찾아 붙여 보세요.

1 이야기가 •

• ㉠ 먹었습니다.

2 무리하게 •

• ㉡ 여물었습니다.

3 옥수수가 •

• ㉢ 흥미진진합니다.

241024-0031

1 밑줄 그은 낱말의 쓰임이 바르지 <u>않은</u> 것은 무엇인가요? (   )

① 숲길에 밤 한 <u>톨</u>이 떨어져 있었다.

② 운동장 크기를 더 <u>늘렸으면</u> 좋겠다.

③ 아침 해가 떠오르자 주위가 <u>어스름해졌다</u>.

④ 나는 그림에 관심이 없어서 <u>건성</u>으로 봤다.

⑤ 저 나무는 뿌리가 <u>깊고</u> 줄기가 무척 튼튼하다.

241024-0032

2 다음 대화의 빈칸에 들어가기에 가장 알맞은 말은 무엇인가요? (   )

① 참외   ② 사과   ③ 호박   ④ 딸기   ⑤ 수박

241024-0033

3 가로 열쇠와 세로 열쇠를 바탕으로, 십자말풀이를 해 보세요.

가로 열쇠

❶ '지혜롭다'와 비슷한 말. ㅅㄱㄹㄷ

❸ 어떤 사물이나 일에 관련된 사실을 밝히기 위해 그에 대해 자세히 조사하고 분석하는 일. ㅇㄱ

❺ 날카로운 것으로 조금씩 긁거나 뜯다. ㄱㄷ

❼ 사이가 매우 나빠서 서로 해칠 기회만 찾는 모양을 뜻하는 말. ○○○ 개 보듯. ㄱㅇㅇ

세로 열쇠

❷ 두 팔을 벌려 위로 뻗으면서 몸과 다리를 쭉 펴는 일. ○○○를 켜다. ㄱㅈㄱ

❹ 성질이나 종류에 따라 갈라놓다. ㄱㅂㅎㄷ

❻ 어떤 것에 대하여 깊이 있게 생각함. ㅅㄱ

❽ 매미의 애벌레. ○○○도 구르는 재주가 있다. ㄱㅂㅇ

▶ 241024-0034

4 다음 글의 내용을 바르게 이해한 것은 ○표, **잘못** 이해한 것은 ×표 하세요.

　　한글이 만들어지기 전에는 우리말을 적을 수 있는 우리 글자가 없었어요. 그래서 중국의 한자를 이용해서 글을 썼어요. 그런데 한자는 배우기 무척 어려운 글자예요. 세종 대왕은 백성들이 한자를 몰라 자신의 생각을 제대로 드러내지 못하는 사실이 매우 안타까웠어요. 그래서 우리 글자를 만들어야겠다는 뜻을 세우고 글자를 만드는 일에 집중했어요. 그리고 오랜 연구 끝에 한글을 만들었어요. 하지만 많은 신하들은 한글을 만들면 중국과 사이가 나빠지니 멈추어야 한다고 주장했어요. 세종 대왕은 한자와 비교할 수 없을 정도로 배우기 쉽고 우수한 한글을 백성들에게 알렸어요.

⑴ 한글이 만들어지기 전에는 우리 글자가 없었다. (　　)
⑵ 많은 신하들이 한글을 만드는 것에 찬성했다. (　　)
⑶ 한글은 한자와 비교할 때 배우기 쉬운 글자이다. (　　)

받아쓰기

불러 주는 말을 잘 듣고 낱말의 뜻에 주의하며 받아쓰세요.

1 크

2 무

3 시

4 몸

5 두

그림으로 생각해 봐요

여러분은 어떤 어린이가 되고 싶은가요?
되고 싶은 어린이가 있는 그림에 ○표 하세요.

💬 아래에 있는 낱말들 중에서 그 뜻을 잘 알고 있는 낱말에 ✓표를 하세요.

☐ 겸손하다   ☐ 고집불통   ☐ 괄괄하다

☐ 살갑다   ☐ 심술궂다   ☐ 호탕하다

겸손하다

남을 귀중하게 여기고 자신을 낮추는 마음이 있다.

반대말 거만하다

고집불통

자기의 생각이나 주장을 굽힐 줄 모르고 고집이 셈. 또는 그런 사람.

비슷한말 옹고집

괄괄하다

1. 성격이 몹시 강하고 급하다.
2. 목소리가 굵고 거칠면서 크다.

비슷한말 거칠다

반대말 얌전하다

살갑다

1. 마음씨나 태도가 다정하고 부드럽다.
2. 바람이나 물결 등이 닿는 느낌이 가볍고 부드럽다.

비슷한말 다정하다

심술궂다

남을 괴롭히거나 남이 잘못되기를 바라는 마음이 많다.

비슷한말 짓궂다

호탕하다

활달하고 씩씩하며 시원시원하다.

반대말 소심하다

어휘 더하기

헷갈리는 낱말 <잊어버리다 vs. 잃어버리다>

잊어버리다
한번 알았던 것을 모두 기억하지 못하거나 전혀 기억해 내지 못하다.

잃어버리다
가지고 있던 물건이 자신도 모르게 없어져 더 이상 가지지 못하게 되다.

기억하고 있던 것을 기억하지 못할 때 쓰는 말이 '잊어버리다'이고, 반대말은 '기억하다'입니다.

'잃어버리다'는 가지고 있던 것이 없어졌을 때 쓰는 말로, 반대말은 '얻다'입니다.

💬 **다음 괄호 안에서 적당한 낱말을 찾아 ○표 하세요.**

1 책을 가져오기로 한 약속을 깜빡 (잊어버리고, 잃어버리고) 말았어요.

2 (잊어버린, 잃어버린) 물건을 찾고 있는 친구를 도와주었어요.

241024-0035

1 다음 낱말을 따라 쓰고, 낱말의 뜻으로 알맞지 <u>않은</u> 것을 찾아 ○표 하세요.

1 괄괄하다

괄	괄	하	다

① 성격이 몹시 강하고 급하다.

② 목소리가 굵고 거칠면서 크다.

③ 자기의 생각이나 주장을 굽힐 줄 모르고 고집이 세다.

2 살갑다

살	갑	다

① 활달하고 씩씩하며 시원시원하다.

② 마음씨나 태도가 다정하고 부드럽다.

③ 바람이나 물결 등이 닿는 느낌이 가볍고 부드럽다.

241024-0036

2 다음 친구의 말을 읽고, 그 친구의 성격과 어울리는 낱말을 골라 ○표 하세요.

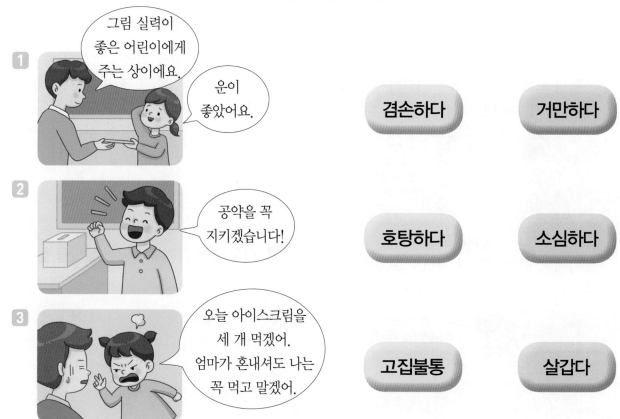

1 그림 실력이 좋은 어린이에게 주는 상이에요.
운이 좋았어요.

겸손하다　거만하다

2 공약을 꼭 지키겠습니다!

호탕하다　소심하다

3 오늘 아이스크림을 세 개 먹겠어. 엄마가 혼내셔도 나는 꼭 먹고 말겠어.

고집불통　살갑다

241024-0037

3 빈칸에 들어갈 말은 '잊어버렸어요'일까요, '잃어버렸어요'일까요? 빈칸에 알맞은 말을 써 보세요.

1 하연: 엄마, 물병 챙긴다는 걸 깜빡 ⬚⬚⬚⬚⬚.
엄마: 짠, 엄마가 챙겼지.

2 현종: 엄마, 나 학교에서 지갑을 ⬚⬚⬚⬚⬚.
엄마: 선생님께서 챙겨 놓았다고 전화 주셨어.

241024-0038

4 다인이가 친구들을 소개해요. 주어진 자음을 참고하여 빈칸에 알맞은 말을 써 보세요.

1

재아는 　ㅎㅌ　 해요.

재아는 씩씩하게 뛰어놀고, 웃음소리는 시원시원해요.

2

주아는 　ㄱㅅ　 해요.

주아는 친구들을 잘 도와요. 하지만 그걸 자랑하지는 않아요.

내 친구들을 소개합니다.

3 시진이는 좋아하는 친구가 있으면 괜히 괴롭혀요.

시진이는 　ㅅㅅㄱ　 어요.

4 준우는 마음은 착한데 성격이 급해서 뭐든지 서둘러 해요.

내가 1등으로 집에 갈 거야!

준우는 　ㄱㄱ　 해요.

💬 **다음 글을 읽고 물음에 답해 보세요.**

> 우리 집 사 형제를 소개하겠습니다.
>
> 첫째 형은 다른 사람들을 항상 살갑게 대해 줍니다. 제가 셋째 형과 종종 다퉈서 속상할 때도 걱정이 담긴 말투로 달래 주어 금방 제 마음을 풀어 줍니다. 제가 질문한 것에 척척 대답해 주면서도 겸손하기까지 합니다.
>
> 둘째 형은 호탕한 성격입니다. 활달하고 씩씩하며 시원시원하지요. 목소리도 괄괄해서 어디서 저를 부르든 그 소리가 잘 들립니다. 둘째 형은 저랑 잘 놀아 주고 양보도 많이 해 줍니다.
>
> 셋째 형은 심술궂습니다. 제가 모르는 것을 물어보면 심술궂은 장난을 치며 놀리다가 제가 토라지면 그제야 알려 줍니다. 그리고 나선 우쭐대며 뽐내곤 합니다.
>
> 저는 사 형제 중에 넷째입니다. 저는 주장을 잘 굽히지 않는다고 해서, 가족들이 저더러 고집불통이라고 해요.

▶ 241024-0039

1 윗글의 내용을 바르게 이해한 것은 무엇인가요? (   )

① 첫째 형은 물음에 잘 대답해 주지 않는다.
② 둘째 형은 말을 할 때 언제나 속삭이듯이 말한다.
③ 둘째 형은 소심해서 글쓴이와 잘 놀아 주지 않는다.
④ 셋째 형은 종종 첫째 형과 다퉈서 글쓴이를 속상하게 한다.
⑤ 사 형제 중에서 막내인 글쓴이는 고집이 무척이나 센 편이다.

▶ 241024-0040

2 사 형제 중에서 다음과 같은 성격을 지닌 사람은 누구인지 쓰세요.

> 마음씨나 태도가 다정하고 부드럽다.

(   )

어휘 펼치기

형 보니 아우 형을 보면 그 아우도 짐작할 수 있다는 말.

형과 동생은 한집에 같이 살고 있으니 자연스럽게 닮은 점이 많아질 거예요. 형이 어떤 사람인지를 알면 동생이 어떤 사람인지 짐작할 수 있어요. 우리 친구들은 다른 사람 눈에 어떤 사람으로 비치고 있나요?

어떻게 표현하면 좋을까요?

그림으로 생각해 봐요

1 빨간색 선분의 길이가 정확하게 일치하는 것을 찾아 모두 O표 하세요.

가

나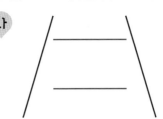

다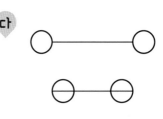

2 '잽싸다'와 어울리는 행동을 하고 있는 그림을 찾아 O표 하세요.

가

나

다

3 내 친구는 어떻게 생겼나요? 간결하게 그림으로 그려 보세요.

가

나

다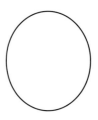

💬 아래에 있는 낱말들 중에서 그 뜻을 잘 알고 있는 낱말에 ✓표를 하세요.

☐ 명확하다	☐ 정확하다	☐ 간결하다
☐ 꼼꼼하다	☐ 잽싸다	☐ 효과적

명확하다 🔍

분명하고 확실하다.

반대말 불명확하다

정확하다 🔍

바르고 확실하다.

반대말 부정확하다

간결하다 🔍

1. 쓸데없이 덧붙어 있는 것이 없이 단순하고 간단하다.
2. 글이나 말이 군더더기가 없이 간단하고 깔끔하다.

꼼꼼하다 🔍

빈틈이 없이 자세하고 차분하다.

비슷한말 빈틈없다

잽싸다 🔍

눈치나 동작이 매우 빠르다.

비슷한말 빠르다, 날래다

효과적 🔍

어떠한 것을 하여 좋은 결과가 얻어지는 것.

어휘 더하기

반대말을 만들어 주는 한자 '불(不)'

한자 '불(不)'은 '아니다'라는 뜻을 지니고 있어요. 그래서 한자로 이루어진 낱말 앞에 '불(不)'을 붙이면 반대말이 되는 경우가 많아요. 아래에 있는 낱말들을 확인해 볼까요?

행복	가능	만족	합격

불(不)

불행	불가능	불만족	불합격

여기에서 한 가지 재미있는 사실은 'ㄷ'이나 'ㅈ'으로 시작하는 말 앞에서는 '불'이 아니라 '부'라고 쓴다는 거죠. 그래서 '정확하다'의 반대말은 '불정확하다'가 아니라 '부정확하다'가 되는 거랍니다.

💬 **다음 낱말의 반대말을 써 보세요.**

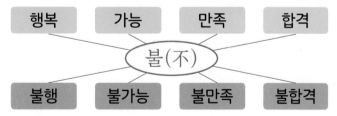

1 완전 ↔ (　　　　　)　　2 편하다 ↔ (　　　　　)　　3 주의 ↔ (　　　　　)

▶ 241024-0041

1 왼쪽에 있는 낱말을 따라 써 본 후, 오른쪽에서 그 뜻을 찾아 선으로 이어 보세요.

1 명확하다　| 명 | 확 | 하 | 다 |　•

2 정확하다　| 정 | 확 | 하 | 다 |　•

3 간결하다　| 간 | 결 | 하 | 다 |　•

• ㉠ 바르고 확실하다.

• ㉡ 글이나 말이 군더더기가 없이 간단하고 깔끔하다.

• ㉢ 태도나 상황이 분명하지 않다.

• ㉣ 분명하고 확실하다.

▶ 241024-0042

2 다음 글의 빈칸에 들어갈 알맞은 낱말을 <보기>에서 찾아 써 보세요.

보기

| 굼뜨게 | 부정적 | 잽싸게 | 효과적 | 꼼꼼하게 | 허술하게 |

어미 고라니는 새끼 고라니를 지키기 위해 늘 조심조심 주변을 **❶** [　　　] 살핍니다.

'바스락.'
어디선가 소리가 들려 오자 어미 고라니는 깜짝 놀랍니다.

어미 고라니를 따라 새끼 고라니가 **❷** [　　　] 달리기

시작합니다.

　새끼 고라니는 어미 고라니를 따라 하며 배우는 게 자신을

지키는 가장 **❸** [　　　] 인 방법이라는 것을 잘 알고 있나 봅니다.

241024-0043

3 다음 밑줄 그은 말과 반대의 뜻으로 쓸 수 있는 낱말을 빈칸에 채워 넣으려고 해요. <보기>에서 골라 문장에 어울리게 바꾸어 써 보세요.

보기

잽싸다   간결하다   꼼꼼하다   명확하다

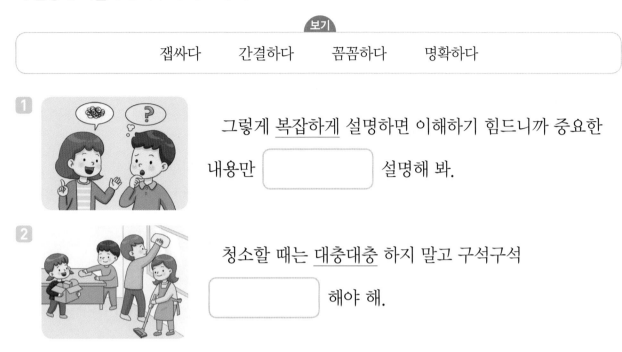

1 그렇게 복잡하게 설명하면 이해하기 힘드니까 중요한
내용만 [   ] 설명해 봐.

2 청소할 때는 대충대충 하지 말고 구석구석
[   ] 해야 해.

241024-0044

4 사다리를 타고 내려가면 반대말이 나오도록 했어요. 그런데 중간에 막대기 하나가 빠져서 엉망이 되었어요. 반대말이 바르게 연결되도록 빠진 막대기의 올바른 자리를 찾아 붙임 딱지를 붙여 주세요. 붙임 딱지 활용

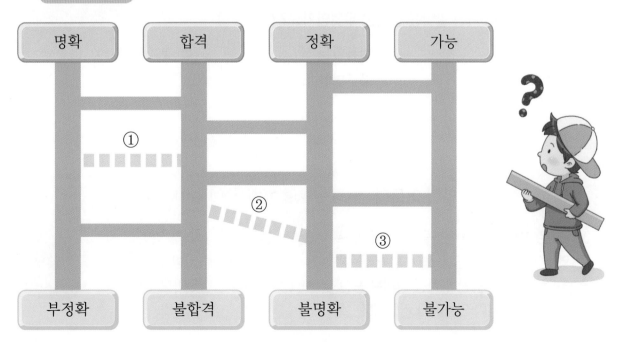

💬 다음 글을 읽고 물음에 답해 보세요.

> 이번 방학 숙제에 가족과 여행한 경험을 글로 써 보는 게 있죠? 어떻게 써야 하는지 모르는 친구들을 위해 중요한 내용을 설명해 줄 테니 잘 들으세요.
>
> 우선 여행을 하는 동안 시간과 장소를 꼼꼼하게 메모해 두세요. 메모하지 않으면 나중에 글을 쓸 때 기억이 나지 않을 수 있거든요. 그렇다고 해서 길고 복잡하게 적을 필요는 없어요. 알아볼 수 있도록 간결하게 적으면 됩니다.
>
> 글을 쓸 때는 여행한 곳에서 보고 들었던 내용을 적으면 됩니다. ㉠분명하지 않고, 확인되지 않은 내용은 적지 않는 게 좋아요. 그리고 여행지에서 자신이 생각하거나 느낀 점을 쓰는데, 솔직하게 쓰는 게 좋겠죠?
>
> 숙제를 낼 때에는 번호와 이름을 정확하게 써서 내세요.

▶ 241024-0045

1 윗글의 중심 내용으로 가장 알맞은 것은 무엇인가요? (   )

① 방학 숙제의 종류   ② 가족 여행의 좋은 점

③ 생각을 솔직하게 말하는 법   ④ 여행하기에 좋은 시간과 장소

⑤ 글을 쓰기 위한 효과적인 방법

▶ 241024-0046

2 ㉠과 바꿔 쓰기에 가장 알맞은 낱말은 무엇인가요? (   )

① 쓸데없는   ② 빈틈없는   ③ 불가능한

④ 불명확한   ⑤ 불투명한

어휘 펼치기   **등잔 밑이 어둡다** 가까이 있는 것을 오히려 잘 알기 어렵다.

> 등잔은 기름을 담아 등불을 켜는 데에 쓰는 그릇을 말합니다. 전기가 없었던 옛날에는 등잔에 불을 붙여 방 안을 밝혔습니다. 등잔불을 켜면 방 안이 환해지는데, 정작 등잔과 가장 가까운 등잔 밑은 그늘이 져서 컴컴했어요. 그래서 이러한 속담이 만들어진 거랍니다.

생각해 볼까요?

1 다음 낱말 중에서 소리를 흉내 낸 말을 찾아 모두 ○표 하세요.

펄쩍펄쩍	개굴개굴	살금살금
똑똑똑	뒤뚱뒤뚱	뽀드득
퐁당퐁당	살랑살랑	뭉게뭉게

2 아래 그림을 보고 어떤 소리가 날지 적어 보세요.

가

나

다

💬 아래에 있는 낱말들 중에서 그 뜻을 잘 알고 있는 낱말에 ✓표를 하세요.

☐ 오독오독	☐ 와삭와삭	☐ 두덕두덕
☐ 꺼이꺼이	☐ 우적우적	☐ 다르랑다르랑

오독오독(오도독오도독)

1. 작고 단단한 물건을 잇따라 깨무는 소리. 또는 그 모양.
2. 작고 단단한 물체가 잇따라 꺾이며 부러지는 소리. 또는 그 모양.

나도 좀 먹자~

오독오독

와삭와삭(와사삭와사삭)

1. 마른 가랑잎이나 얇고 빳빳한 물건이 자꾸 서로 스치거나 바스러지는 소리.
2. 과일이나 과자 따위를 자꾸 베어 무는 소리.

강바람에 갈댓잎들이 와삭와삭 소리를 내네.

두덕두덕

잘 울리지 아니하는 물체를 잇따라 조금 세게 두드리는 소리. 또는 그 모양.

우리도 어렸을 때 흙을 두덕두덕 다지며 두꺼비집을 만들곤 했죠?

맞아요. 옛 생각이 나네요.

꺼이꺼이

목이 멜 정도로 큰 목소리로 요란하게 우는 소리. 또는 그 모양.

장난감 안 사 줬다고 저렇게까지 서럽게 꺼이꺼이 우나?

우적우적

1. 단단한 물건을 마구 깨물어 씹을 때 나는 소리. 또는 그 모양.
2. 단단한 물건이 자꾸 갑자기 부서지 거나 무너질 때 나는 소리. 또는 그 모양.

왜 그렇게 급하게 우적우적 먹니? 체하겠다. 천천히 먹으렴.

우적 우적

다르랑다르랑

1. 조금 요란하게 잇따라 울리는 소리.
2. 조금 요란하게 코를 잇따라 고는 소리.

부모님께서 자전거를 사 주셨어.

벨소리가 다르랑다르랑 듣기 좋다.

어휘 더하기

모음에 따라 느낌이 달라져요

소리나 모양을 나타내는 말 중에서는 어떤 모음이 쓰였느냐에 따라 그 말이 주는 느낌이 달라지기도 해요.

ㅏ ㅗ
밝다, 가볍다, 작다, 약하다

어떤 느낌을 주나요?

ㅓ ㅜ
어둡다, 무겁다, 크다, 세다

'ㅏ, ㅗ'는 밝고, 가볍고, 작은 느낌을 줍니다. 이와 달리 'ㅓ, ㅜ'는 어둡고, 무겁고, 큰 느낌을 줍니다. 아기가 '찬찬히' 걸을 때에는 '아장아장'이, 어른이 '천천히' 걸을 때에는 '어정어정'이 잘 어울려요. '송송' 뚫린 구멍보다는 '숭숭' 뚫린 구멍이 더 크겠죠?

💬 **다음 낱말 중 더 크고 무거운 느낌이 나는 것에 ✓표 하세요.**

1 ☐ 파닥파닥 ☐ 퍼덕퍼덕   **2** ☐ 덜그럭덜그럭 ☐ 달그락달그락

▶ 241024-0047

1 다음 동화에서 빈칸에 들어가기에 알맞은 낱말을 <보기>에서 찾아 쓰세요.

보기

| 오독오독 | 와삭와삭 | 다르랑다르랑 | 드르렁드르렁 |

나른한 오후,
아빠와 아이가 함께 낮잠을 자요.
잠을 자는 모습이 무척이나 닮았어요.

어? 그런데 노랫소리가 들리네요.

아빠는 ❶ [   ]

아이는 ❷ [   ]

사이좋게 코를 골며 노래하지요.

한참 노래했더니
배가 고팠나 봐요.

아빠는 잘 익은 사과를 ❸ [   ] 베어 먹고

아이는 사탕을 ❹ [   ] 깨물어 먹고

꿈속이지만 맛있어서 빙그레 함께 웃어요.
배불리 먹었으니
이제 또 무슨 노래를 할까요?

241024-0048

2 다음 글에서 밑줄 그은 낱말을 더 크고 센 느낌이 나도록 고쳐 써 보세요.

산골이라 그런지 금세 밤이 찾아왔어요.
사방이 <u>캄캄해지자</u> 나그네는 덜컥 무서워졌어요.
1 → (   )
'이러다 호랑이라도 만나면 어쩌지?'

얼마쯤 걷자
저 멀리 호롱불이 <u>반짝반짝</u> 빛나며
2 → (   )
나그네를 반겨 주네요.

241024-0049

3 <보기>를 읽고 자물쇠의 비밀번호를 써 보세요.

보기

준수는 책을 꺼내기 위해 사물함이 있는 곳으로 갔어요. 그런데 '아차!' 어제 새로 산 자물쇠의 비밀번호가 떠오르지 않네요. 어찌할 바를 몰라 하던 중 어제 어머니께서 자물쇠와 함께 주셨던 도움말 쪽지가 생각났어요. 도움말 쪽지에서 각 위치의 뜻에 해당하는 낱말의 번호 세 자리를 순서대로 맞추면 됩니다. 비밀번호는 무엇일까요?

도움말

• 처음: 단단한 물건을 마구 깨물어 씹을 때 나는 소리.
• 가운데: 목이 멜 정도로 큰 목소리로 요란하게 우는 소리.
• 끝: 잘 울리지 않는 물체를 잇따라 조금 세게 두드리는 소리.

❶ 꺼이꺼이   **❷** 타닥타닥   **❸** 졸졸
❹ 까르르   **❺** 두덕두덕   **❻** 찰랑찰랑
❼ 우적우적   **❽** 우지끈   **❾** 딸랑딸랑

(   )

💬 **다음 글을 읽고 물음에 답해 보세요.**

> ㉠와삭와삭. ㉡오독오독. 서진이와 까망이가 사이좋게 간식을 먹는 소리입니다. 서진이는 다섯 살 난 제 동생이고, 까망이는 귀여운 우리 집 강아지입니다.
>
> 어느 날 서진이가 사과를 아껴 먹고 있었는데, 한눈판 사이에 까망이가 ㉢우적우적 전부 먹어 버렸습니다. 서진이는 ㉣꺼이꺼이 서럽게 울었습니다. 까망이가 미안하다는 듯 배를 보이며 드러눕자, 서진이는 울음을 뚝 그쳤습니다.
>
> 오늘도 서진이와 까망이는 하루 종일 붙어 다니며 뛰어노느라 피곤했나 봅니다. 어느새 나란히 누워 ㉤다르랑다르랑 코까지 골며 잠을 자고 있습니다.

▶ 241024-0050

1 윗글에 대한 설명으로 알맞은 것은 무엇인가요? (   )

① 자연을 보고 느낀 점을 시 형식으로 썼다.
② 여행하며 경험한 일을 편지 형식으로 썼다.
③ 하루 동안 있었던 일을 일기 형식으로 썼다.
④ 흉내 내는 말을 넣어 실감 나게 표현하였다.
⑤ 강아지의 생김새에 대해 자세히 설명하였다.

▶ 241024-0051

2 ㉠~㉤을 넣어서 짧은 글짓기를 했어요. 알맞지 <u>않은</u> 것은 무엇인가요? (   )

① 날씨가 추워서 <u>와삭와삭</u> 떨었다.   ② 볶은 콩을 <u>오독오독</u> 깨물어 먹었다.
③ 생고구마를 <u>우적우적</u> 씹어 먹었다.   ④ 어깨를 들썩이면서 <u>꺼이꺼이</u> 울었다.
⑤ 거실에서 <u>다르랑다르랑</u> 코 고는 소리가 들렸다.

시치미를 떼다
자기가 하고도 하지 않은 척하거나 알면서도 모르는 척하다.

옛날에는 매를 이용해서 사냥했어요. 매의 꽁지나 발목에 주인의 이름표를 달았는데, 그것을 '시치미'라고 했어요. 남의 매에 달린 시치미를 떼고 자신의 시치미를 달아 매의 주인인 척하는 사람도 있었다고 해요. '시치미를 떼다'는 여기에서 유래한 말입니다.

그림으로 생각해 봐요

1 옷소매가 나달나달해지면 어떤 모양이 될까요? 오른쪽에 그 모양을 그려 보세요.

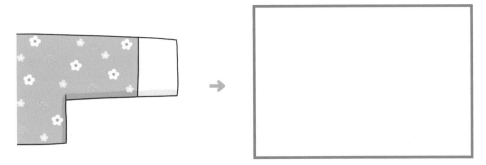

2 붙임 딱지를 이용하여 내가 갖고 싶은 방을 오밀조밀 꾸며 보아요. 붙임 딱지1 활용

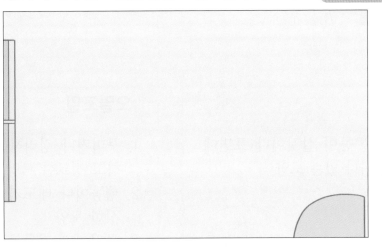

💬 아래에 있는 낱말들 중에서 그 뜻을 잘 알고 있는 낱말에 ✓표를 하세요.

☐ 나달나달   ☐ 터벅터벅   ☐ 송골송골

☐ 오밀조밀   ☐ 씨억씨억   ☐ 오순도순

나달나달

해지거나 찢어져서 여러 가닥으로 늘어져 자꾸 조금 흔들리는 모양.

비슷한말 너덜너덜, 너털너털

터벅터벅

매우 느리게 힘없는 걸음으로 걸어가는 모양.

송골송골

땀이나 물방울 등이 살갗이나 표면에 작게 많이 돋아나 있는 모양.

오밀조밀

1. 꾸미거나 정리하는 것이 매우 꼼꼼하고 정교한 모양.
2. 행동이나 태도가 매우 꼼꼼하고 자상한 모양.
3. 물건이나 건물 등이 빈틈없이 모여 있는 모양.

씨억씨억

성질이 굳세고 활발한 모양.

준하가 달리기에서 일등 했다며?

어쩐지 걸음걸이가 매우 씨억씨억 하더라니.

오순도순

정답게 이야기하거나 사이좋게 지내는 모양.

자매끼리 오순도순 사이좋게 지내야지.

엄마, 언니가 자꾸 저를 놀려요.

어휘 더하기

재미있는 우리말 : '까치발'과 '깨금발'

'까치발'은 발뒤꿈치를 들고 발의 앞부분으로만 서는 것을 뜻해요. '꽁지발'이라고도 해요. 새들은 몸이 가벼워서 발뒤꿈치를 들고 있는데, 이 모양을 본떠서 발뒤꿈치를 든 발의 모양을 까치발이라고 해요.

'깨금발'은 한 발을 들고 한 발로 서 있는 자세를 뜻해요. '깨끼발'이라고도 해요. 그리고 이러한 자세로 뛰는 행동을 '앙감질'이라고 한답니다. 이와 달리 가지런히 같은 자리에 모아 붙인 두 발을 '모둠발'이라고 해요.

💬 **다음 괄호 안에서 적당한 낱말을 찾아 O표 하세요.**

1 민지는 키가 커 보이도록 하기 위해 (까치발, 깨금발)로 서 있었다.

▶ 241024-0052

1 왼쪽에 있는 낱말을 따라 써 본 후, 오른쪽에서 그 뜻을 찾아 선으로 이어 보세요.

1 송골송골 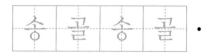 ·

2 씨억씨억  ·

3 오밀조밀  ·

· ㉠ 성질이 굳세고 활발한 모양.

· ㉡ 촘촘하지 않고 매우 드문 모양.

· ㉢ 꾸미거나 정리하는 것이 매우 꼼꼼하고 정교한 모양.

· ㉣ 땀이나 물방울 등이 살갗이나 표면에 작게 많이 돋아나 있는 모양.

▶ 241024-0053

2 다음 만화에서 빈칸에 들어가기에 알맞은 낱말을 <보기>에서 찾아 쓰세요.

보기

나달나달   오순도순   터벅터벅

1

2

3

241024-0054

3 다음 그림을 보고 빈칸에 들어갈 낱말을 <보기>에서 찾아 쓰세요.

보기

까치발   깨금발   모둠발

①

상기와 지연이는 ☐☐☐ 을 한 채로 누가 줄넘기를 더 많이 하는지 겨루고 있어요.

②

현정이는 ☐☐☐ 을 하고 살금살금 걸어서 술래에게 다가갔어요.

241024-0055

4 각 화살의 뜻풀이에 해당하는 낱말을 찾아 해당하는 번호의 풍선을 활로 쏘아서 맞히려고 해요. 터진 풍선을 번호순으로 연결하고, 마지막 번호는 처음 번호와 연결해 보세요. 어떤 모양이 나올까요?

↗ 첫 번째 화살: 해지거나 찢어져서 여러 가닥으로 늘어져 자꾸 흔들리는 모양.

↗ 두 번째 화살: 행동이나 태도가 매우 꼼꼼하고 자상한 모양.

↗ 세 번째 화살: 매우 느리게 힘없는 걸음으로 걸어가는 모양.

↗ 네 번째 화살: 정답게 이야기를 하거나 사이좋게 지내는 모양.

↗ 다섯 번째 화살: 한 발을 들고 한 발로 섬. 또는 그런 자세.

❶ 송골송골   ❷ 나달나달   ❸ 씨익씨익   ❹ 오밀조밀   ❺ 터벅터벅
❻ 성큼성큼   ❼ 오순도순   ❽ 그렁그렁   ❾ 까치발   ❿ 깨금발

💬 다음 글을 읽고 물음에 답해 보세요.

> 지난주부터 승현이는 점심시간마다 친구들과 피구 연습을 했습니다. 옆 반과 피구 시합이 있는데, 이번에는 꼭 이기고 싶기 때문입니다.
> 드디어 피구 시합하는 날이 되었습니다. 선수들은 경기장 안으로 씨억씨억 걸어 들어갔습니다. 나머지 친구들은 ㉠오밀조밀 모여 앉아 응원 준비를 했습니다. 경기가 시작되자 친구들은 응원 글이 적힌 종이가 ㉡나달나달해지도록 흔들며 목이 터져라 열심히 응원했습니다. 선수들의 이마에는 땀이 ㉢송골송골 맺혔습니다. 하지만 이번에도 옆 반에 지고 말았습니다. 승현이는 ㉣씩씩 숨을 몰아쉬며 ㉤터벅터벅 친구들에게 걸어갔습니다. 친구들은 승현이의 어깨를 두드리며 격려해 주었습니다. 승현이네 반 친구들은 오순도순 모여 앉아 간식을 먹으며 시합에 대해 이야기꽃을 피웠습니다.

▶ 241024-0056

1 윗글의 내용을 잘못 이해한 것은 무엇인가요? (　　　)

① 승현이는 점심시간마다 피구 연습을 했다.
② 지난번 피구 시합에서는 승현이네 반이 옆 반을 이겼었다.
③ 시합에 져서 아쉬워하는 승현이를 친구들이 격려해 주었다.
④ 피구 시합 날 승현이네 반 친구들은 우렁찬 목소리로 응원했다.
⑤ 승현이와 친구들은 시합이 끝난 후 간식을 먹으며 이야기를 나눴다.

▶ 241024-0057

2 ㉠~㉤ 중 모양을 흉내 낸 말이 아닌 것은 무엇인가요? (　　　)

① ㉠　　　　② ㉡　　　　③ ㉢　　　　④ ㉣　　　　⑤ ㉤

어휘 펼치기

땀을 흘리다 힘이나 노력을 많이 들이다.

힘든 일을 하다 보면 땀이 나죠? 그래서 '땀'은 '노력이나 수고'를 뜻하는 말로도 쓰여요. 우리는 지금 어휘 공부를 위해 많은 노력을 들이고 있죠? 땀은 거짓말을 하지 않아요. 어휘 공부하느라 땀 흘린 보람을 꼭 얻을 수 있을 거예요.

시간을 나타내 보아요

그림으로 생각해 봐요

💬 아래에 있는 낱말들 중에서 그 뜻을 잘 알고 있는 낱말에 ✓표를 하세요.

☐ 단박	☐ 모처럼	☐ 반나절
☐ 보름	☐ 삽시간	☐ 한창

단박

그 자리에서 바로.

[비슷한말] 단숨에, 즉시, 당장

모처럼

1. 벼르고 별러서 처음으로.
2. 아주 오래간만에.

[비슷한말] 오랜만에

반나절

1. 한나절의 반.
2. 하룻낮의 반.

보름

1. 음력으로 그달의 열닷새째 되는 날.
2. 열닷새 동안.

삽시간 🔍

매우 짧은 시간.

[비슷한말] 일순간, 한순간

와! 맛있다!

정말 치킨이 삽시간에 다 사라지는구나!

한창 🔍

어떤 일이 가장 활기 있고 왕성하게 일어나는 때.

[비슷한말] 한철, 한창때

봄이 왔구나!

네, 요즘 길가에 철쭉이 한창이에요.

어휘 더하기

시간을 나타내는 한자어

별안간
갑작스럽고 아주 짧은 동안.

삽시간
매우 짧은 시간.

'별(瞥)'은 언뜻 스쳐 지나듯 본다는 뜻의 한자예요. '별안간'은 눈 한 번 돌릴 사이의 짧은 시간을 말해요.

'삽(霎)'은 가랑비, 이슬비를 말해요. '삽시간'은 빗방울이 하늘에서 땅으로 떨어지는 사이의 시간이에요.

💬 **다음 괄호 안에서 적당한 낱말을 찾아 ○표 하세요.**

1️⃣ 홍수가 나자 물이 (삽시간에, 삭시간에) 불어 넘치게 되었다.

2️⃣ 한밤중에 (별안간, 벼란간) 큰 소리가 나서 잠에서 깼다.

▶ 241024-0058

1 왼쪽에 있는 낱말을 따라 써 본 후, 오른쪽에서 그 뜻을 찾아 선으로 이어 보세요.

① 모처럼 | 모 | 처 | 럼 | •

② 삽시간 | 삽 | 시 | 간 | •

③ 한창 | 한 | 창 | •

• ㉠ 매우 짧은 시간.

• ㉡ 아주 오래간만에.

• ㉢ 어떤 일이 가장 활기 있고 왕성하게 일어나는 때.

▶ 241024-0059

2 다음 만화에서 빈칸에 들어가기에 알맞은 낱말을 아래에 있는 <보기>에서 찾아 쓰세요.

보기

단박   보름   반나절

241024-0060

3 다음 말이 뜻하는 기간을 써 보세요.

보름 동안 → (　　　일)

241024-0061

4 개구리가 꽃밭에 가고 싶어 해요. 개구리가 꽃밭을 찾을 수 있도록 도와주세요. <보기>를 따라 미로에서 길을 찾아 주세요.

보기

❶ '단박'의 비슷한말은 무엇일까요?
❷ '모처럼'의 비슷한말은 무엇일까요?
❸ '삽시간'과 비슷한말은 무엇일까요?

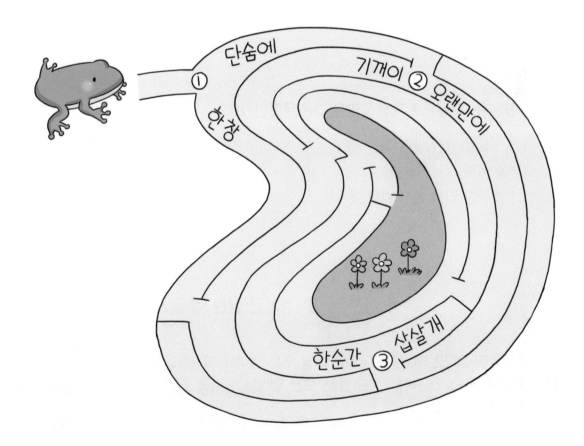

💬 **다음 글을 읽고 물음에 답해 보세요.**

> 옛날, 한 농부가 살고 있었어요. 어느 여름날 농부는 밭에 나가 열심히 일을 했어요. 더위에 지친 농부는 잠시 그늘에 앉아 쉬었어요. 그때 갑자기 토끼 한 마리가 나타나더니 농부를 보고 잽싸게 도망갔어요. 그러다 나무에 부딪쳐 단박에 죽고 말았어요. 삽시간에 일어난 일이라 놀라기는 했지만, 그날 밤 농부는 모처럼 토끼 고기를 먹을 수 있었어요. 다음 날 밭에 나간 농부는 일은 하지 않고 나무 뒤에 숨어서 다른 토끼가 또 나타나기를 기다렸어요. ㉠어제와 같은 일이 일어나기를 바랐던 것이죠. 하지만 토끼는 다시 나타나지 않았어요. 결국 보름 동안 일도 하지 않고 토끼를 기다린 농부는 사람들의 웃음거리가 되었습니다.

▶ 241024-0062

1 윗글에서 얻을 수 있는 교훈은 무엇인가요? (   )

① 간절히 바라면 꿈은 이루어진다.
② 끊임없이 노력하는 사람이 성공한다.
③ 노력하지 않고 행운만 바라서는 안 된다.
④ 모든 일에는 순서가 있으니 서두르면 안 된다.
⑤ 작은 것이라도 나쁜 짓을 자꾸 하게 되면 큰 죄를 저지르게 된다.

▶ 241024-0063

2 ㉠이 가리키는 내용으로 가장 알맞은 것은 무엇인가요? (   )

① 더운 여름날 밭에 나간 것   ② 토끼 고기를 거저 얻은 것
③ 땡볕을 피해 그늘에서 쉰 것   ④ 보름 동안 토끼를 기다린 것
⑤ 반나절 동안 쉬지 않고 일한 것

콩 심은 데 콩 나고 팥 심은 데 팥 난다
모든 일에는 원인에 걸맞은 결과가 나타난다.

콩을 심지도 않았는데, 콩이 나기를 바랄 수는 없어요. 또, 콩을 심고서는 그곳에서 팥이 나기를 바랄 수도 없죠. 모든 일에는 노력에 걸맞은 결과가 따르는 거랍니다.

241024-0064

1 다음 글에서 알 수 있는 담윤이의 태도로 가장 알맞은 말은 무엇인가요? (   )

> 선생님: 담윤아, 줄넘기 대회에서 1등을 하다니 정말 대단해! 열심히 연습한 보
> 람이 있구나.
> 담윤: 감사합니다. 이번에는 운이 좋았어요.

① 괄괄하다 ② 겸손하다 ③ 심술궂다
④ 호탕하다 ⑤ 거만하다

241024-0065

2 다음 문장에서 밑줄 그은 낱말이 어색한 것은 무엇인가요? (   )

① 몰래 먹으려던 과자를 잽싸게 감추었다.
② 목표를 명확하게 세우는 것이 중요해요.
③ 공부한 내용을 공책에 간결하게 정리하세요.
④ 감기약이 효과적이었는지 기침이 계속 나요.
⑤ 틀린 문제를 꼼꼼하게 살펴보고 실수를 찾아냈다.

241024-0066

3 민준이의 행동을 표현하는 데 가장 잘 어울리는 낱말은 무엇인가요? (   )

> 엄마: 민준아, 이 장난감은 집에 비슷한 것이 있어. 다른 것을 고르자.
> 민준: 으아앙! 나는 이 장난감이 꼭 갖고 싶어! 나 이거 사 줘, 엉엉.

① 와삭와삭 ② 우적우적 ③ 다르랑다르랑
④ 두덕두덕 ⑤ 꺼이꺼이

241024-0067

4 밑줄 그은 낱말을 바르게 사용한 사람은 누구인가요? (   )

① **하연**: 바닥에 책 몇 권이 오밀조밀 떨어져 있어.
② **지아**: 엄마랑 나달나달 이야기하는 시간이 제일 좋아.
③ **호준**: 줄넘기를 열심히 했더니 이마에 땀이 송골송골 맺혔어.
④ **민정**: 샘이가 터벅터벅 걷는 걸 보니 무척 급한 일이 있나 봐.
⑤ **하린**: 큰 바지를 입었더니, 땅에 끌려서 바지 끝이 씨억씨억해졌어.

▶ 241024-0068

5 밑줄 그은 ㉠~㉤과 비슷한 뜻을 지닌 낱말끼리 짝 지은 것이 **아닌** 것은 무엇인가요? (   )

> ㉠모처럼 미세 먼지가 없이 맑은 날이었다. 벚꽃이 ㉡한창이라, 부모님과 함께 집 앞 공원으로 산책을 나갔다. ㉢보름 전만 해도 나뭇가지만 앙상했는데, 분홍빛 꽃잎이 나무를 가득 채웠다. 시간이 지나며 꽃구경을 나온 사람들이 점점 많아졌다. 흩날리는 꽃잎을 잡으려 이리저리 뛰어다니다 보니 엄마가 보이지 않았다. ㉣삽시간에 사라진 엄마를 찾아 이리저리 헤맸다. 혼자서 돌아다니던 나를 ㉤단박에 알아본 옆집 아주머니께서 엄마한테 전화해 주셔서 다시 엄마를 만날 수 있었다. 가슴이 철렁했던 반나절이었다.

① ㉠ 모처럼 – 오랜만에   ② ㉡ 한창 – 한철   ③ ㉢ 보름 – 열닷새
④ ㉣ 삽시간 – 한순간   ⑤ ㉤ 단박 – 오랜만

 **받아쓰기**

불러 주는 말을 잘 듣고 낱말의 뜻에 주의하며 받아쓰세요.

1 곧

2 잽

3 밤

4 오

5 삽

장소를 나타내 보아요

그림으로 생각해 봐요

💬 아래에 있는 낱말들 중에서 그 뜻을 잘 알고 있는 낱말에 ✓표를 하세요.

☐ 국경	☐ 길목	☐ 방향
☐ 반환점	☐ 뒷전	☐ 종점

국경

나라와 나라를 나누는 지점.

길목

큰길에서 좁은 길로 들어가는 부분.

비슷한말 어귀

방향

어떤 지점이나 위치를 향하는 쪽.

비슷한말 방면

반환점

달리기 경기에서 방향을 바꾸는 지점. 또는 그 지점을 표시한 표지.

뒷전 🔍

덜 중요하다고 생각되어 나중에 관심을 가지거나 처리하는 것.

> 딸, 요즘 공부는 뒷전이고 핸드폰을 너무 많이 하는 것 같은데?

> 오 분만 더 하고 그만할게요.

종점 🔍

기차나 버스가 다니는 구간의 맨 끝이 되는 지점.

반대말 기점

> 응, 버스에서 깜빡 졸다가 종점까지 가 버렸어.

> 삼촌, 오늘 좀 늦게 오셨네요?

어휘 더하기

헷갈리는 낱말 <식히다 vs. 시키다>

식히다
더운 기운을 없애다.

시키다
어떤 일이나 행동을 하게 하다.

'식히다, 시키다'는 모두 [시키다]로 발음해서 헷갈리기가 쉬워요.

'식히다'는 '국물이 뜨거우니 식혀서 먹어.'와 같이 사용해요.

'시키다'는 '누나가 청소를 시키다.'처럼 쓸 수 있어요.

💬 **다음 문장 중 알맞은 문장에 ○표 하세요.**

1 엄마가 심부름을 식혔어요. (   )
2 엄마가 심부름을 시켰어요. (   )

▶ 241024-0069

1 다음 그림과 초성, 뜻을 보고 알맞은 낱말을 써 보세요.

(ㄱ ㅁ): 큰길에서 좁은 길로 들어가는 부분.

(ㅂ ㅎ): 어떤 지점이나 위치를 향하는 쪽.

(ㄱ ㄱ): 나라와 나라를 나누는 지점.

▶ 241024-0070

2 다음 낱말을 보고, 빈칸에 알맞은 말을 <보기>에서 찾아 쓰세요.

끝   방향   나중에

1 반환점: 달리기 경기에서 (   )을 바꾸는 지점.

2 종점: 기차나 버스가 다니는 구간의 맨 (   )이 되는 지점.

3 뒷전: 덜 중요하다고 생각되어 (   ) 관심을 가지거나 처리하는 것.

▶ 241024-0071

3 빈칸에 들어갈 낱말을 알맞게 짝 지은 것을 고르세요. (   )

> ㈎ 숙제를 (㉠)으로 미루고 놀았다.
> ㈏ 버스에서 졸다가 마지막 정거장인 (㉡)까지 가 버렸다.
> ㈐ 큰길로 가다가 왼쪽 (㉢)으로 들어서면 우리 학교가 보인다.

	㉠	㉡	㉢		㉠	㉡	㉢
①	길목	종점	뒷전	②	종점	뒷전	길목
③	뒷전	길목	종점	④	종점	길목	뒷전
⑤	뒷전	종점	길목				

241024-0072

4 사다리 타기 놀이를 하며, 주어진 낱말의 뜻과 낱말을 바르게 찾아 이어 보세요.

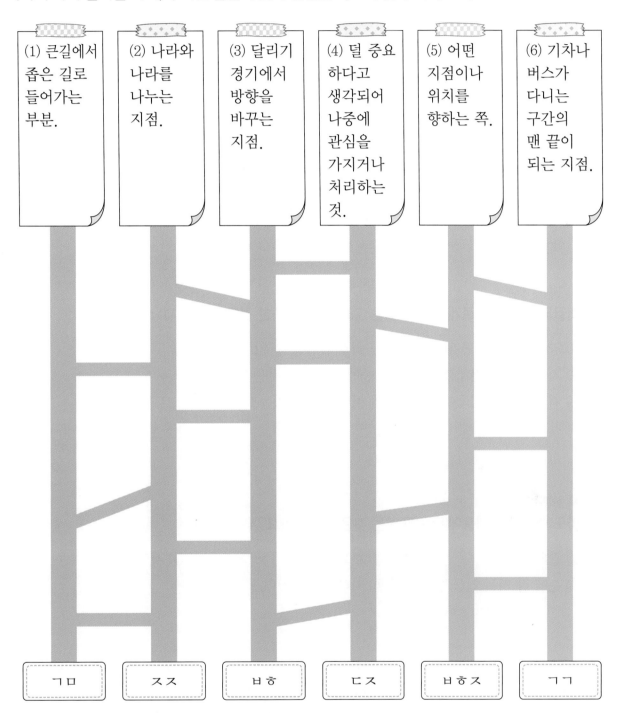

(1) 큰길에서 좁은 길로 들어가는 부분.

(2) 나라와 나라를 나누는 지점.

(3) 달리기 경기에서 방향을 바꾸는 지점.

(4) 덜 중요하다고 생각되어 나중에 관심을 가지거나 처리하는 것.

(5) 어떤 지점이나 위치를 향하는 쪽.

(6) 기차나 버스가 다니는 구간의 맨 끝이 되는 지점.

ㄱㅁ   ㅈㅈ   ㅂㅎ   ㄷㅈ   ㅂㅎㅈ   ㄱㄱ

💬 **다음 글을 읽고 물음에 답해 보세요.**

> 우리가 살고 있는 지구 표면의 전체나 일부를 작게 줄여 그린 그림을 지도라고 해요. 지구 표면의 전체를 그린 지도는 세계 지도라고 하는데, 세계 지도에는 국경이 표시되어 있기도 해요. 세계 지도를 보면 우리나라가 어디에 있는지, 다른 나라는 우리나라의 어떤 방향에 있는지를 알 수 있어요.
> 주변에서 쉽게 볼 수 있는 지도 중에 약도가 있어요. 약도는 간단하게 중요한 것만 그린 지도를 뜻해요. 약도에는 지하철역이나 버스 정류장, 버스 종점, 큰 건물 등과 같이 눈에 잘 띄는 곳, 주요 길목이 간단하게 나타나 있어요. 그래서 약속 장소나 친구 집을 찾아갈 때, 복잡한 지도보다 약도를 이용하면 그곳을 쉽게 찾을 수 있어요.

▶ 241024-0073

1 **윗글의 내용을 바르게 이해한 것은 ○표, 잘못 이해한 것은 ✕표 하세요.**

(1) 약도를 이용하면 약속한 장소를 쉽게 찾아갈 수 있다. (   )

(2) 지구 표면의 전체를 그린 지도 중에 대표적인 것은 약도이다. (   )

(3) 지도를 보면 미국이 우리나라의 어떤 방향에 있는지 알 수 있다. (   )

▶ 241024-0074

2 **약도에 담기는 내용에 속하지 않는 것은 무엇인가요? (   )**

① 길의 모양   ② 주요 길목   ③ 지역의 날씨

④ 눈에 잘 띄는 건물   ⑤ 지하철역이나 버스 정류장

 어휘 **펼치기**   **길이 아니거든 가지 말고 말이 아니거든 듣지 말라**

올바르지 않은 일이면 아예 처음부터 하지 말라.

길이 아닌 곳으로 가면 위험한 일을 당할 수 있어요. 이와 마찬가지로 올바르지 않은 말을 듣는 것도 위험해요. 바른길을 가야 하듯이 바른말을 하는 습관을 지녔으면 좋겠어요.

그림으로 생각해 봐요

1 다음 그림을 보고, 열매와 꽃을 나누어 표시해 보세요.

가   나   다   라

1 열매: 2 꽃:

2 다음 상황을 읽고, 민영이의 표정이 어떨지 예상하여 알맞은 그림에 ○표 하세요.

> 용희: 민영아, 샌드위치 만들 빵 가지고 왔지?
>
> 민영: 수요일에 하는 거 아니야? 오늘 학교 끝나고 빵 사러 가려고 했는데.
>
> 용희: 오늘이 수요일이야! 달력 확인해 봐.

가    나    다

💬 아래에 있는 낱말들 중에서 그 뜻을 잘 알고 있는 낱말에 ✓표를 하세요.

☐ 분류하다   ☐ 추천하다   ☐ 예상하다

☐ 구분하다   ☐ 관찰하다   ☐ 탐구하다

분류하다

여럿을 종류에 따라서 나누다.

비슷한말 구분하다

추천하다

어떤 조건에 알맞은 사람이나 물건을
책임지고 소개하다.

예상하다

앞으로 있을 일이나 상황을 짐작하다.

비슷한말 추측하다

구분하다

어떤 기준에 따라 전체를 몇 개의 부분
으로 나누다.

비슷한말 구별하다

관찰하다

사물이나 현상을 주의 깊게 자세히 살펴보다.

비슷한말 살펴보다

매미는 어떻게 우는지 관찰해 보자.

매미가 울 때 배가 떨리네. 신기하다!

탐구하다

학문 등을 깊이 파고들어 연구하다.

비슷한말 탐색하다

율찬아, 뭘 그리 골똘히 들여다보고 있어?

아, 개미들이 자기 몸보다 훨씬 큰 먹이를 어떻게 옮기는지 탐구하는 중이었어.

간추리다, 생략하다

'간추리다'는 글이나 내용에서 중요한 점을 골라 간략하게 정리하는 것을 말해요.
'생략하다'는 전체에서 일부분을 줄이거나 빼어 짧게 또는 간단하게 만드는 것을 말해요.

간추리기 (중요한 내용을 남겨야지)	생략하기 (중요하지 않은 내용을 없애야지)
나는 초콜릿, 과자, 사탕을 매일 먹는다. 나는 귀찮아서 간식을 먹고 나서 양치를 매번 하지 않았다. 이가 아파서 치과에 갔더니, 충치가 생겼다고 했다. 치과에 가서 충치를 치료하는데 너무 아팠다. 앞으로 간식을 먹고 나서 양치를 잘해야겠다.	나는 초콜릿, 과자, 사탕을 매일 먹는다. 나는 귀찮아서 간식을 먹고 나서 양치를 매번 하지 않았다. 이가 아파서 치과에 갔더니, 충치가 생겼다고 했다. 치과에 가서 충치를 치료하는데 너무 아팠다. 앞으로 간식을 먹고 나서 양치를 잘해야겠다.

간추리는 것과 생략하는 것 모두 내용이 줄어들어요. 윗글에서 남아 있는 내용은 같지만, 간추리는 것은 중요한 것을 남기는 데, 생략하는 것은 내용을 없애는 데 초점이 있어요.

💬 **다음 괄호 안에서 적당한 낱말을 찾아 ○표 하세요.**

1 글에서 중요한 내용을 (간추려서 / 생략해서) 정리해 보세요.
2 숨바꼭질하는 방법은 모두 알고 있으니, 필요하지 않은 설명을 (간추리고 / 생략하고) 바로 시작해도 될까요?

어휘 다지기

241024-0075

1 왼쪽에 있는 낱말을 따라 써 본 후, 오른쪽에서 그 뜻을 찾아 선으로 이어 보세요.

1 추천하다　추 천 하 다 ・

2 탐구하다　탐 구 하 다 ・

3 예상하다　예 상 하 다 ・

・ ㉠ 어떤 조건에 알맞은 사람이나 물건을 책임지고 소개하다.

・ ㉡ 앞으로 있을 일이나 상황을 짐작하다.

・ ㉢ 학문 등을 깊이 파고들어 연구하다.

241024-0076

2 사다리를 타고 내려가서, 비슷한 뜻의 낱말을 <보기>에서 찾아 쓰세요.

> 보기
>
> 탐구하다　　관찰하다　　구분하다

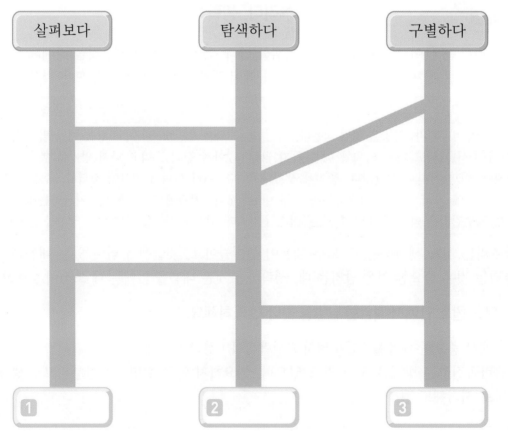

살펴보다　　　탐색하다　　　구별하다

1　　　　　　2　　　　　　3

241024-0077

3 빈칸에 들어갈 낱말을 <보기>에서 골라, 문장에 어울리게 바꾸어 써 보세요.

보기

분류하다   생략하다   간추리다   예상하다

1️⃣

우리 오늘 숙제가 뭐였지?

국어 교과서를 읽고 이야기에서 가장 중요한 내용을 ☐ 공책에 정리하는 거야.

2️⃣

지저분한 사물함을 정리 정돈하려면, 먼저 모든 물건을 꺼내서 버릴 것과 버리지 않을 것으로 ☐ 해야 해.

241024-0078

4 밑줄 친 ①~⑤ 중, 낱말의 쓰임이 바르지 <u>않은</u> 것은 무엇인가요? (   )

○월 ○일 ○요일   날씨: 맑음

　나는 아버지와 함께 일요일마다 쓰레기를 분리배출한다. 캔을 버리려는데 아버지께서 "수호야, 철 캔과 알루미늄 캔을 ① <u>구분해야</u> 해."라고 말씀하셨다. 분리수거함에 담긴 캔을 ② <u>관찰해</u> 보니 🔁캔류 철 와 🔁캔류 알미늄 표시가 다른 것을 알 수 있었다. 🔁캔류 철 표시가 있는 캔은 고철로, 🔁캔류 알미늄 표시가 있는 캔은 알루미늄으로 ③ <u>분류했다</u>. 분리수거를 할 때 캔을 철 캔과 알루미늄 캔으로 분류하는 과정을 ④ <u>생략하면</u> 재활용이 제대로 되지 않는다고 한다. 앞으로는 정확하게 ⑤ <u>예상해서</u> 분리배출을 해야겠다고 생각했다.

※ '알루미늄'으로 쓰는 것이 맞지만, 분리배출 기호에서는 🔁캔류 알미늄 '알미늄'으로 사용합니다.

어휘 활용하기

💬 다음 글을 읽고 물음에 답해 보세요.

> 이번 시간에는 가을 열매를 탐구해 보겠습니다.
>
> 첫 번째 활동에서는 가을 열매에 무엇이 있는지 알아보겠습니다. 어떤 열매가 가을철에 거두는 열매인지 예상해 보고, 사진과 동영상을 보며 가을에 나는 열매를 확인해 봅시다.
>
> 두 번째 활동은 '가을 열매 분류하기'입니다. 가을 열매를 관찰하여 여러 가지 기준으로 구분해 보려고 합니다. 크기, 색깔, 모양, 씨앗 등 여러 부분으로 나누어 관찰해 봅시다.
>
> 세 번째 활동에서는 탐구한 가을 열매를 활용하여 열매 바구니를 꾸미려고 합니다. 다양한 가을 열매가 아름답게 어우러진 바구니를 꾸며 봅시다. 친구들의 열매 바구니를 감상하고, 잘 만든 작품을 추천해 봅시다.

▶ 241024-0079

1 수업 시간에 학생들이 하는 활동으로 알맞은 것에 ○표 하세요.

⑴ 가을 열매 탐구하기 (   )

⑵ 가을철에 심는 열매 알아보기 (   )

▶ 241024-0080

2 수업 시간에 하는 활동의 순서대로 기호를 알맞게 적어 보세요.

㉠ 가을 열매 분류하기	㉡ 가을에 나는 열매 알아보기
㉢ 가을 열매 바구니 꾸미기	

(–   –   )

어휘 펼치기 **공든 탑이 무너지랴** 정성과 노력이 많이 든 일은 결과가 헛되지 않다.

'공'은 애써서 들이는 정성과 힘을 말합니다. '무너지랴'는 '무너지겠어?'라고 물어보는 말입니다. 정성껏 쌓아 올린 탑은 무너지지 않을 것이라는 의미를 담고 있지요. 최선을 다하는 일의 중요성을 나타내는 속담입니다.

식물이 자라는 모습을 살펴보아요

그림으로 생각해 봐요

1 <보기>에 있는 낱말의 뜻을 짐작하며, 그림의 흰 부분을 색칠해 봅시다.

보기

꼬투리　　덩굴

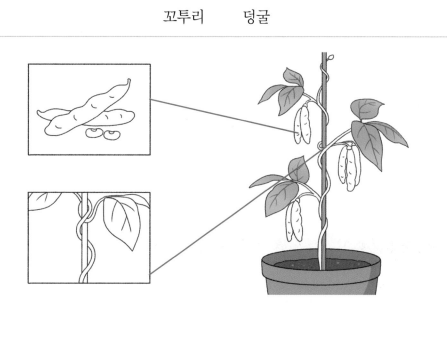

2 '영글다'와 어울리는 그림에는 △, '시들다'와 어울리는 그림에는 □표를 하세요.

가　　　　　나

💬 아래에 있는 낱말들 중에서 그 뜻을 잘 알고 있는 낱말에 ✓표를 하세요.

☐ 꼬투리	☐ 영글다	☐ 해충
☐ 수확	☐ 덩굴	☐ 시들다

꼬투리 🔍

1. 콩을 싸고 있는 껍질.
2. 어떤 이야기나 사건의 실마리.

영글다 🔍

과실이나 곡식 따위가 알이 들어 딴딴하게 잘 익다.

비슷한말 여물다

해충 🔍

인간의 생활에 피해를 끼치는 벌레.

수확 🔍

익은 농작물을 거두어들임.
거두어들인 농작물.

덩굴 🔍

길게 뻗어 나가면서 다른 물건을 감기도 하고 땅바닥에 퍼지기도 하는 식물의 줄기.

비슷한말 넝쿨

이것 봐! 담장을 따라 덩굴을 뻗었어.

꽃이 담장을 뒤덮어서 참 예뻐.

시들다 🔍

꽃이나 풀 따위가 말라 생기가 없어지다.

앗, 시들어 버렸네.

어떡하지? 물 주는 것을 잊어버렸어!

어휘 더하기

헷갈리는 낱말 <메다 vs. 매다>

'메다'는 어깨에 걸치거나 올려놓는 것을 말해요. '가방을 메다.', '어깨에 메다.' 등으로 쓸 수 있어요.

'매다'는 끈이나 줄로 묶어서 풀어지지 않게 만든다는 뜻이 있어요. 논밭에 난 잡초를 뽑는다는 뜻도 있어요.

💬 **다음 괄호 안에서 적당한 낱말을 찾아 ○표 하세요.**

1️⃣ 새로 산 가방을 (메고 / 매고) 학교에 갑니다.

2️⃣ 신발 끈이 풀리지 않게 꽉 (메야 / 매야) 해.

어휘 다지기

241024-0081

1 왼쪽에 있는 낱말을 따라 써 본 후, 오른쪽에서 그 뜻을 찾아 선으로 이어 보세요.

1 덩굴   ·

2 영글다  ·

3 꼬투리  ·

· ㉠ 길게 뻗어 나가면서 다른 물건을 감기도 하고 땅바닥에 퍼지기도 하는 식물의 줄기.

· ㉡ 어떤 이야기나 사건의 실마리.

· ㉢ 과실이나 곡식 따위가 알이 들어 딴딴하게 잘 익다.

241024-0082

2 밑줄 그은 말과 비슷한 뜻으로 쓸 수 있는 낱말을 <보기>에서 찾아 쓰세요.

보기

| 덩굴 | 수확 | 시들어 | 메고 | 영글어 | 매고 |

1

체험 학습으로 고구마밭에 가서 고구마를 직접 캤어.
내 손으로 고구마를 (　　　　　)하다니 정말 뿌듯했어.

2

화분의 식물이 거의 말라서 죽어 가고 있어.
완전히 (　　　　　) 죽기 전에 얼른 물을 줘야겠어.

3

선물 상자에 리본을 두르고 묶었어. 풍성한 리본을 만들기 위해 한 번 더 리본을 (　　　　　) 풀리지 않도록 잡아당기면 완성이야.

241024-0083

3 빈칸에 들어갈 낱말을 알맞게 짝 지은 것은 무엇인가요? (　　　　)

> • 밭에 심은 배추를 병들게 하는 (　　㉠　　)을 없애려고 농약을 뿌렸다.
> • 범인이 남겨 놓은 (　　㉡　　)를 잡아서 사건을 해결했다.
> • 가방을 (　　㉢　　) 학교에 갑니다.

	㉠	㉡	㉢		㉠	㉡	㉢
①	해충	꼬투리	매고	②	해충	꼬투리	메고
③	덩굴	수확	매고	④	꼬투리	수확	메고
⑤	꼬투리	덩굴	메고				

241024-0084

4 다음 그림의 빈칸에 들어갈 알맞은 말을 <보기>에서 찾아 쓰세요.

보기

시들었어　　　영글었어　　　해충　　　꼬투리

상추가　[1]　.

물은 충분히 준 것 같은데. 혹시　[2]　이 생겨서 병이 들었을까?

💬 완두콩 재배 일지를 읽고 다음 물음에 답해 보세요.

날짜	관찰 내용
2000년 3월 5일	하루 전에 미리 불려 둔 완두콩 씨앗을 가지고 주말농장 텃밭에 갔다. 텃밭에 구멍을 파고 완두콩 씨앗을 심었다.
2000년 4월 8일	완두콩 싹이 한 뼘 정도 자랐다. 덩굴이 뻗어 나오기 시작해서 지지대를 세워 주었다.
2000년 4월 30일	완두콩잎에 까맣게 점이 생겼다. 그냥 두면 완두콩이 시들 수도 있을 것 같아 해충을 막기 위한 약을 뿌렸다. 완두콩이 잘 자라라고 거름도 주었다.
2000년 5월 7일	꽃이 핀 것을 볼 수 있었다. 몇 개는 이미 꽃이 떨어지고, 그 자리에 완두콩 꼬투리가 맺힌 것을 볼 수 있었다.
2000년 6월 4일	잘 익은 완두콩을 수확했다. 꼬투리를 열어 보니 단단하게 영근 초록색 콩알들이 줄지어 들어 있었다.

▶ 241024-0085

1 4월 30일 주말농장에 방문했을 때 무슨 일이 있었는지 빈칸에 알맞은 말을 써 보세요.

완두콩잎에 검은 점이 생겨 해충 약을 뿌리고, 완두콩이 잘 자라라고 (   ) 을 주었다.

▶ 241024-0086

2 다음은 완두콩이 자라는 순서입니다. 빈칸에 들어갈 알맞은 낱말을 윗글에서 찾아 쓰세요.

㉮ 완두콩 씨앗을 심는다.

㉯ (**1**   )이 뻗어 나오기 시작하면 지지대를 세워 준다.

㉰ 완두콩꽃이 핀다.

㉱ 꽃이 떨어진 자리에 완두콩 (**2**   )가 생긴다.

 어휘 펼치기

가뭄에 콩 나듯 어쩌다 한 번 일이 생기거나 물건이 드문드문 있다.

가뭄은 오랫동안 비가 내리지 않아 메마른 날씨를 뜻합니다. 가뭄에는 콩 밭에 콩을 심어도 제대로 자라지 못하고 아주 드물게 싹이 트는 것처럼, 어떤 일이나 물건이 드물게 있는 것을 뜻합니다.

그림으로 생각해 봐요

1 '막바지'는 아래 화살표에서 어디쯤에 해당하는지 짐작하여 ○표 하세요.

시작 ──────────────────────────────▶ 끝

2 그림의 상황에 어울리는 낱말이라고 생각하는 것에 ○표 하세요.

| 발명 | 신호 | 유행 | 발견 |

💬 아래에 있는 낱말들 중에서 그 뜻을 잘 알고 있는 낱말에 ✓표를 하세요.

- ☐ 막바지
- ☐ 유행
- ☐ 현장
- ☐ 경계하다
- ☐ 발견
- ☐ 신호

막바지

일이 거의 다 끝나 가는 단계.

비슷한말 마지막

유행

무엇이 사람들에게 인기를 얻어 사회 전체에 널리 퍼짐.

현장

1. 사물이 현재 있는 곳.
2. 일이 벌어졌거나 벌어지고 있는 곳.
3. 일을 실제로 진행하거나 작업하는 그곳.

경계하다

뜻밖의 사고나 위험이 생기지 않도록 살피고 조심하다.

비슷한말 주의하다

발견

아직 찾아내지 못했거나 세상에 알려지지 않은 것을 처음으로 찾아냄.

신호

1. 어떤 내용의 전달을 위해 서로 약속하여 사용하는 일정한 소리, 색깔, 빛, 몸짓 등의 부호.
2. 어떤 일이 일어났거나 일어날 것을 알려 주는 것.

어휘 더하기

헷갈리는 낱말 <다치다 vs. 닫히다>

'다치다'와 '닫히다'는 읽을 때 모두 [다치다]로 발음됩니다.

'다치다'는 '몸이나 마음에 상처를 입다.'라는 뜻으로 쓰입니다. '넘어져서 다쳤어.'와 같이 쓸 수 있습니다. '닫히다'는 '열린 문이나 뚜껑, 서랍 등이 다시 제자리로 가게 되다.'라는 뜻입니다. '엘리베이터 문이 닫혔다.'와 같이 쓸 수 있습니다.

💬 **다음 괄호 안에서 적당한 낱말을 찾아 〇표 하세요.**

문이 갑자기 **1** (다쳐서 / 닫혀서), 내 손가락이 끼어 **2** (다쳤어 / 닫혔어).

▶ 241024-0087

1 빈칸에 알맞은 낱말을 <보기>에서 찾아 쓰세요.

보기

발견　　약속　　막바지

1 (　　　　　): 아직 찾아내지 못했거나 세상에 알려지지 않은 것을 처음으로 찾아냄.

2 (　　　　　): 일이 거의 다 끝나 가는 단계.

3 신호: 어떤 내용의 전달을 위해 서로 (　　　　　)하여 사용하는 일정한 소리, 색깔, 빛, 몸짓 등의 부호.

▶ 241024-0088

2 다음 글의 빈칸에 들어갈 알맞은 낱말을 <보기>에서 찾아 쓰세요.

보기

신호　　현장　　경계해야

지진 때문에 바다의 큰 물결이 육지로 올라와서 넘치는 것을 지진 해일이라고 하는데, 아주 많은 바닷물이 높고 빠르게 덮치기 때문에 큰 피해를 입게 됩니다.

바닷가에 있을 때 지진이 있었다면, 바닷물의 흐름을 ❶ [　　　　　] 합니다. 바닷물이 갑자기 빠져나가는 것은 지진 해일이 온다는 ❷ [　　　　　] 입니다. 바닷물이 빠진 후에 갑자기 큰 파도가 밀려오기 때문에, 바닷가와 멀고 높은 곳으로 대피해야 합니다.

큰 파도가 한 번만 오고 끝나지 않고, 여러 번 올 수도 있습니다. 지진 해일이 끝났다는 안내가 있을 때까지는 파도가 휩쓸고 간 ❸ [　　　　　] 에 가지 않고 안전한 곳에서 기다려야 합니다.

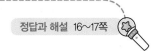

⏵ 241024-0089

3 다음 만화를 보고, 초성을 참고하여 빈칸에 들어갈 알맞은 낱말을 쓰세요.

⏵ 241024-0090

4 다음 뜻을 가진 낱말을 찾아 ○표 하세요.

현	장	경	유	험
닫	행	계	명	막
히	계	하	다	바
동	위	다	치	지
유	행	지	발	다

1 사물이 현재 있는 곳.

2 뜻밖의 사고나 위험이 생기지 않도록 살피고 조심하다.

3 어떤 일이나 현상 따위의 마지막 단계.

4 무엇이 사람들에게 인기를 얻어 사회 전체에 널리 퍼짐.

💬 **다음 글을 읽고 물음에 답해 보세요.**

> 올해 여름휴가가 막바지에 이르렀습니다. 물놀이를 하러 해수욕장이나 계곡을 찾는 사람이 많은데요, 안전한 물놀이를 위한 방법을 안내해 드립니다.
>
> 물놀이를 하다가 입술이 파랗게 변하면 체온이 떨어졌다는 신호입니다. 이때는 물에서 나와 물기를 닦고, 몸을 따뜻하게 하여 휴식을 취해야 합니다.
>
> 해수욕장에서는 해파리를 경계해야겠습니다. 해파리에 쏘이면 상처가 생기고 아프며, 심한 경우에는 큰 사고로 이어질 수 있습니다. 해파리를 발견하면 물 밖으로 나오는 것이 좋습니다. 해파리에 쏘였다면 빠르게 바닷물로 상처를 닦아 내고, 상처가 심하면 병원에 가야 합니다.
>
> 계곡에서 놀 때에는 날씨를 잘 확인해야 합니다. 비가 오면 갑자기 물이 불어나 휩쓸릴 수 있으니 이때는 현장을 벗어나 높고 안전한 곳으로 이동해야 합니다.

▶ 241024-0091

1 윗글의 중심 내용으로 가장 알맞은 것은 무엇인가요? (   )

① 안전한 물놀이를 하는 방법   ② 이제 막 시작된 여름 휴가철
③ 물놀이를 할 때 입술 색깔이 중요한 이유   ④ 해수욕장에 나타나는 해파리 대처 방법
⑤ 비가 올 때 계곡에서 물놀이를 하는 방법

▶ 241024-0092

2 각 상황에 알맞은 대처 방법을 찾아 선으로 이어 보세요.

1 물놀이를 하다가 입술이 파랗게 변했을 때 •   • ㉠ 바닷물로 상처를 닦는다.

2 바다에서 놀다가 해파리에 쏘였을 때 •   • ㉡ 높고 안전한 곳으로 이동한다.

3 계곡에서 놀다가 비가 올 때 •   • ㉢ 물기를 닦고 몸을 따뜻하게 한다.

 **어휘 펼치기**

발이 넓다 사귀어 아는 사람이 많아 활동하는 범위가 넓다.

'발이 넓다'의 '발'은 우리 몸의 발입니다. 실제로 발이 넓다는 뜻이 아니라, 사귀어 아는 사람이 많아 활동하는 범위가 넓다는 뜻입니다. 비슷한 말로는 '마당발'이 있습니다. 인간관계가 넓어 폭넓게 활동하는 사람을 말합니다. 이처럼 우리 몸의 '발'이 새로운 의미로 쓰이는 경우가 많아요.

오늘의 날씨는 어떤가요?

그림으로 생각해 봐요

1 아래 그림에서 내가 좋아하는 날씨를 골라 ○표 하세요.

2 아래 낱말 중 그림과 어울리는 것을 골라 빈칸에 써 보세요.

폭염	예보	한파	피서	

아래에 있는 낱말들 중에서 그 뜻을 잘 알고 있는 낱말에 ✓표를 하세요.

- ☐ 폭염
- ☐ 피서
- ☐ 궂다
- ☐ 한파
- ☐ 동상
- ☐ 예보

폭염

아주 심한 더위.

비슷한말 불볕더위

피서

더위를 피하여 시원한 곳으로 옮김.

반대말 피한

궂다

1. 날씨가 험하고 나쁘다.
2. 험하고 나쁘거나 싫다.

한파

겨울철에 갑자기 기온이 내려가는 것.

동상

심한 추위 때문에 피부가 얼어서 상하는 것.

예보

앞으로 일어날 일을 미리 알림. 또는 그런 보도.

헷갈리는 낱말 <묵다 vs. 묶다>

'묵다'와 '묶다'는 읽을 때 모두 [묵따]로 발음됩니다.

'묵다'는 '일정한 때를 지나서 오래된 상태가 되다.'라는 뜻입니다. 오래된 김치를 묵은 김치라고 부르지요? 또 다른 뜻으로는 어디에서 손님으로 머문다는 뜻의 '묵다'도 있습니다. 친구네 집에 놀러 가서 하룻밤 자는 것을, 친구네 집에서 하룻밤 묵었다고 표현하기도 합니다.

'묶다'는 '끈이나 줄 등을 매듭으로 만들다.', '끈 등으로 물건을 잡아매다.'라는 뜻을 가지고 있습니다. '신발 끈을 묶다.'와 같이 쓰입니다.

💬 **다음 괄호 안에서 적당한 낱말을 찾아 ○표 하세요.**

1 오랜만에 꺼낸 바지인데, 얼룩이 있네. (묵은 / 묶은)때는 잘 안 지워지는데 어떡하지?

2 친구의 생일 선물을 리본으로 (묵어서 / 묶어서) 예쁘게 포장했다.

▶ 241024-0093

1 밑줄 친 낱말의 뜻을 오른쪽에서 찾아 선으로 바르게 이어 보세요.

1 궂은일을 맡아서 묵묵히 일하다니, 참 대단하네. •

2 날씨 예보를 보니 오늘은 맑대. •

3 우리는 계곡으로 피서를 떠날 거야. •

• ㉠ 앞으로 일어날 일을 미리 알림. 또는 그런 보도.

• ㉡ 더위를 피하여 시원한 곳으로 옮김.

• ㉢ 험하고 나쁘거나 싫은.

▶ 241024-0094

2 다음 대화의 빈칸에 들어갈 낱말이 바르게 짝 지어진 것은 무엇인가요? (　　　)

1

2

A: 나는 여름이 좋아. 수박을 실컷 먹을 수 있어.

B: 하지만 (　㉠　)일 때에는 너무 더워서 견디기가 힘들 정도야.

A: 나는 눈이 펑펑 내리는 겨울이 좋아. 하얀 눈을 보면 기분이 좋아져.

B: 너는 추위를 많이 안 타는구나? 나는 (　㉡　)로 갑자기 추워지면 집 밖으로 나가기가 싫던데.

	㉠	㉡			㉠	㉡
①	폭염	한파		②	피서	동상
③	폭염	동상		④	피서	한파
⑤	폭염	피한				

▶ 241024-0095

3 그림을 보고 빈칸에 들어갈 알맞은 낱말을 <보기>에서 찾아 쓰세요.

> 보기
>
> 묵은   궂은   묶은   예보

1 장독대에서 (   ) 김치를 꺼내요.

2 아버지께서는 (   ) 날씨에도 출근을 하셨다.

▶ 241024-0096

4 다음 뜻을 가진 낱말을 <보기>에서 찾아 번호를 써 보세요. 그리고 해당하는 번호 칸에 색칠해서 어떤 모양이 나오는지 확인해 보세요.

1 심한 추위 때문에 피부가 얼어서 상하는 것. (   )
2 일정한 때를 지나서 오래된 상태가 되다. (   )
3 겨울철에 갑자기 기온이 내려가는 것. (   )
4 아주 심한 더위. (   )

1	1	5	5	1	1	5	5	1	1
6	2	5	2	5	2	5	2	5	6
3	3	3	3	2	2	3	3	3	3
3	3	3	3	2	2	3	3	3	3
4	3	3	3	2	2	3	3	3	4
4	4	3	5	5	5	5	3	4	4
6	4	4	2	5	2	5	4	4	6
6	1	4	4	2	2	4	4	1	6
6	1	1	4	4	4	4	1	1	6
6	6	6	6	4	4	6	6	6	6

> 보기
>
> ❶ 예보   ❷ 동상   ❸ 폭염
> ❹ 묵다   ❺ 한파   ❻ 궂다

💬 루안이의 일기를 읽고 물음에 답해 보세요.

> 겨울 방학을 맞아 우리 가족은 따뜻한 동남아시아에 있는 베트남으로 여행을 떠났다. 그런데 출발하는 날 아침부터 눈보라가 휘몰아치고 한파가 심했다. 혹시 동상에 걸릴까 봐 장갑도 끼고, 털신도 신고 두꺼운 외투도 입었다. ㉠궂은 날씨에 비행기가 뜰 수 있을지 걱정했는데, 다행히 제때 출발할 수 있었다.
>
> 베트남에 도착해서 비행기에서 내렸는데, 한국과는 다르게 날씨가 더웠다. 공항에서 시원한 옷으로 갈아입고 나서, 우리가 묵을 숙소로 이동했다. 숙소 근처에 피서를 즐길 수 있는 유명한 해수욕장이 있어서 수영을 하기로 했다. 하지만 일기 예보를 보니 비가 온다고 해서 다음 날 가기로 했다.

▶ 241024-0097

1 윗글의 내용과 <u>다른</u> 것은 무엇인가요? (   )

① 베트남은 동남아시아에 있다.

② 우리나라와 베트남의 겨울 날씨가 다르다.

③ 날씨 때문에 비행기 출발 시간이 미뤄졌다.

④ 비행기에서 내린 후, 공항에서 시원한 옷으로 갈아입었다.

⑤ 도착한 날, 숙소 근처에 있는 유명한 해수욕장에 가지 못했다.

▶ 241024-0098

2 ㉠이 의미하는 궂은 날씨는 어떤 날씨인지 <u>두 가지</u> 고르세요. (,   )

① 비가 오는 날씨   ② 갑자기 추워진 날씨

③ 갑자기 더워진 날씨   ④ 눈보라가 휘몰아치는 날씨

⑤ 땀이 줄줄 날 정도로 무더운 날씨

 **어휘 펼치기**   **천고마비** 하늘이 높고 푸르며 온갖 곡식이 익는 가을을 이르는 말.

> '천고마비'는 하늘이 높고 말이 살찐다는 뜻입니다. 가을은 다른 계절보다 하늘이 맑아 더 높아 보입니다. 그리고 곡식, 과일이 잘 익어서 수확을 하는 계절입니다. 먹을 것이 풍요로워 말이 살찌는 계절이지요. '천고마비'는 날씨도 좋고, 풍요로운 계절인 가을을 나타내는 말이랍니다.

241024-0099

1 다음 낱말의 뜻이 <u>잘못</u> 연결된 것은 무엇인가요? ( )

① 국경: 나라와 나라를 나누는 지점.

② 길목: 어떤 지점이나 위치를 향하는 쪽.

③ 반환점: 달리기 경기에서 방향을 바꾸는 지점.

④ 종점: 기차나 버스가 다니는 구간의 맨 끝이 되는 지점.

⑤ 뒷전: 덜 중요하다고 생각되어 나중에 관심을 가지거나 처리하는 것.

241024-0100

2 밑줄 그은 낱말과 바꾸어 쓸 수 있는 낱말을 바르게 연결한 것은 무엇인가요? ( )

① 나뭇잎을 잘 <u>관찰해</u> 봅시다. – 추천해

② 동물을 사는 곳에 따라 <u>분류했어요.</u> – 추측했어요

③ 생일 선물이 인형일 거라고 <u>예상했어요.</u> – 구분했어요

④ 저는 공룡이 왜 사라졌는지 <u>탐구해</u> 보고 싶어요. – 탐색해

⑤ 오늘 있었던 일을 간단하게 <u>간추려서</u> 일기에 썼어요. – 생략해서

241024-0101

3 다음 대화의 빈칸에 들어가기에 가장 알맞은 말은 무엇인가요? ( )

> 유준: 우아! 방울토마토가 맺혔어. 이제 점점 빨갛게 익어 갈 거야.
>
> 신영: 얼른 방울토마토를 [   ] 먹고 싶다. 정말 맛있을 것 같아!

① 시들어서   ② 영글어서   ③ 수확해서   ④ 여물어서   ⑤ 말라서

241024-0102

4 다음 빈칸에 알맞은 말을 <보기>에서 찾아 쓰세요.

보기

| 현장 | 유행 | 발견 |

> 집주인: 외출했다가 돌아왔는데 도둑이 들었어요. 돈, 요즘 [1]   하는 전자 제품과 값비싼 반지가 없어졌어요.
>
> 경찰: 사건 [2]   에서 발자국이 [3]   되었으니, 도둑은 금방 잡힐 겁니다.

▶ 241024-0103

5 다음 빈칸에 들어갈 낱말이 바르게 짝 지어진 것은 무엇인가요? (   )

> 날씨 ⓖ _____입니다. 지난주부터 계속된 장마가 곧 끝난다는 소식 전해 드립니다. 내일까지 전국에 ⓛ _____ 장맛비가 내리는데요, 바닷가에서는 많은 비가 내리며 강한 바람이 함께 불어 주의가 필요합니다. 비가 그치고 난 모레부터는 날씨가 무척 더워지며 ⓒ _____이 시작되겠습니다. 무더위는 당분간 계속될 예정입니다.

	㉠	㉡	㉢			㉠	㉡	㉢
①	예보	막바지	한파		②	예보	막바지	폭염
③	예보	경계하는	한파		④	발견	막바지	폭염
⑤	발견	경계하는	폭염					

 받아쓰기

불러 주는 말을 잘 듣고 낱말의 뜻에 주의하며 받아쓰세요.

1 숙

2 색

3 강

4 신

5 꽃

그림으로 생각해 봐요

회색 글씨로 쓰인 낱말을 따라 써 봅시다.

친구 1: 정말 멋져! 매일 볼 수 있으면 좋겠다. 두고두고 감상하고 싶은 그림이야.

친구 2: 맞아. 가치가 정말 높은 그림이야.

친구 3: 정말 독창적인 방법으로 그림을 그렸어.

친구 4: (뛰어다니는 아이와 부딪혀서) 앗! 넘어질 뻔했잖아.

친구 5: 그림을 전시하는 공공장소에서는 예절을 갖추는 태도가 필요해.

친구 6: 우리는 예절을 잘 지키기로 다짐하자.

💬 아래에 있는 낱말들 중에서 그 뜻을 잘 알고 있는 낱말에 ✓표를 하세요.

- ☐ 가치
- ☐ 감상
- ☐ 다짐하다
- ☐ 독창적
- ☐ 갖추다
- ☐ 전시

가치

1. 값이나 귀중한 정도.
2. 의미나 중요성.

감상

1. 어떤 일에 대하여 마음속에 일어나는 느낌이나 생각.
2. 예술 작품이나 경치 등을 즐기고 이해하면서 평가함.

비슷한말 느낌

다짐하다

1. 이미 한 일이나 앞으로 할 일이 틀림이 없음을 단단히 확인하다.
2. 마음을 굳게 먹고 뜻을 정하다.

비슷한말 결심하다

독창적

다른 것을 모방하지 않고 새롭게 독특한 것을 만들어 낸 것.

갖추다

1. 있어야 할 것을 가지거나 차리다.
2. 필요한 자세나 태도 따위를 취하다.

비슷한말 준비하다

주먹밥을 만들기 위한 준비물이 갖추어져 있는지 확인해 봅시다.

전시

찾아온 사람들에게 보여 주도록 여러 가지 물품을 한곳에 차려 놓음.

이번 주말에는 뭐해?

나는 가족들과 박물관에서 열리는 전시를 보러 갈 거야.

어휘 더하기

헷갈리는 낱말 <가리키다 vs. 가르치다>

'가리키다'는 '손가락이나 물건을 어떤 방향이나 대상으로 향하게 하여 다른 사람에게 그것을 알게 하다.'라는 뜻입니다. '시계나 온도계의 바늘이 시각이나 온도 등을 알려 준다.'라는 뜻도 있어요.

'가르치다'는 '지식이나 기술 등을 설명해서 익히게 하다.'라는 뜻입니다. '동생에게 신발 끈 묶는 방법을 가르치다.'와 같이 쓸 수 있습니다.

💬 **다음 중 알맞게 쓰인 문장을 찾아 ○표 하세요.**

1 (1) 시곗바늘이 12시를 가리켰다. (   )

　　(2) 선생님께서 우리에게 맞춤법을 가리켜 주셨다. (   )

2 (1) 아빠가 구구단을 쉽게 외우는 방법을 가르쳐 주셨다. (   )

　　(2) 나는 동생에게 장난감이 탁자 위에 있다고 손가락으로 가르쳐 주었다. (   )

▶ 241024-0104

1 초성과 낱말 뜻을 보고, 다음 문장을 완성해 보세요.

1 경복궁은 우리나라의 대표적인 문화재로 (ㄱ ㅊ)가 높다.
　　　　　　　　　　　　　　　　　의미나 중요성.

2 여행을 가서 푸른 바다를 본 (ㄱ ㅅ)을 일기에 썼다.
　　　　　　　　　　예술 작품이나 경치 등을 즐기고 이해하면서 평가함.

3 장영실은 (ㄷ ㅊ ㅈ)인 생각으로 많은 발명품을 만들어 냈다.
　　다른 것을 모방하지 않고 새롭게 독특한 것을 만들어 낸 것.

▶ 241024-0105

2 빈칸에 들어갈 알맞은 낱말을 <보기>에서 찾아 쓰세요.

| 갖춘　　　독창적인　　　가르치고　　　가리키고　　　다짐하고 |

1

아이들: 할머니, 안녕하세요.
할머니: 예의를 잘 (　　　　　) 아이들이구나.

2

오늘 아침에 늦게 일어난 줄 알고 깜짝 놀랐는데, 시곗바늘이
시간을 잘못 (　　　　　) 있었어.

3

나는 꾸준히 운동하기로 (　　　　　) 매일 줄넘기를 하고 있어.

241024-0106

3 밑줄 그은 ①~⑤ 중에서, 낱말의 쓰임이 바르지 <u>않은</u> 것은 무엇인가요? (   )

○월 ○일 ○요일   날씨: 맑음

제목: 특별한 국어 선생님

  오늘 국어 시간에는 특별한 선생님이 오셨다. 내가 정말 좋아하는 동화 작가께서 일일 선생님으로 오신 것이다. 설레는 마음으로 가장 먼저 교과서와 필기도구가 잘 ① <u>갖추어져</u> 있는지 확인했다. 선생님께서는 주변에서 볼 수 있는 물건을 활용해서 이야기를 만드는 방법을 ② <u>가르쳐</u> 주셨다. 나는 빗자루가 주인공인 이야기를 만들었다. 선생님께서는 내 이야기가 ③ <u>독창적인</u> 생각을 담고 있다고 칭찬해 주셨다. 친구들이 만든 이야기를 ④ <u>다짐했는데</u>, 다들 재미있게 이야기를 잘 만들었다. 이번 국어 수업은 정말 소중하고 ⑤ <u>가치</u> 있는 경험이었다.

241024-0107

4 가로세로 퀴즈를 풀어 봅시다.

가로 열쇠
❶ 값이나 귀중한 정도.
❸ 마음을 굳게 먹고 뜻을 정하다.

세로 열쇠
❶ 지식이나 기술 등을 설명해서 익히게 하다.
❷ 찾아온 사람들에게 보여 주도록 여러 가지 물품을 한곳에 차려 놓음.

다음 글을 읽고 물음에 답해 보세요.

> 나는 그림 그리는 것을 좋아한다. 지난달에 선생님께 추천을 받아 그림 그리기 대회에 나갔는데, 상을 받게 되어서 정말 기뻤다. 이번 대회에서 상을 받은 작품들은 전시가 된다. 내 작품이 전시회에 걸린다니! 어젯밤에는 설레어 심장이 두근두근거려서 잠도 잘 오지 않았다.
>
> 전시회장 앞에 도착하니 사람들이 많았다. 내 그림을 다른 사람들이 감상한다고 생각하니 떨렸다. 들어가자마자 내 그림을 찾았는데, 벽에 걸려 있으니 멋지게 보이기도 했고, 잘 그렸다고 칭찬해 주는 사람들이 많아서 뿌듯했다.
>
> 긴장이 풀리고 나니 다른 친구들의 그림이 눈에 들어왔다. '어떻게 저렇게 기발한 생각을 했지?' 하는 생각이 드는 독창적인 그림이 많았다. 잘 그린 그림들을 보고 나니 나도 더욱 열심히 그림을 그려서 실력을 갖추어야겠다는 다짐을 하게 됐다. 정말 가치 있는 경험이었다.

▶ 241024-0108

1 전시회를 보고 나서 글쓴이가 생각하거나 느낀 것으로 알맞은 것을 찾아 ○표 하세요.

⑴ 그림을 더 열심히 그렸어야 했다고 후회했다. (　　　)

⑵ 그림을 열심히 그려서 실력을 갖추어야겠다. (　　　)

▶ 241024-0109

2 글쓴이의 마음 변화로 알맞은 말을 <보기>에서 찾아 쓰세요.

보기

긴장　　　설렘　　　뿌듯함

전시회에 가기 전		전시회장에 도착해서		내 그림을 찾고 나서
1	→	2	→	3

어휘 펼치기　　　**벼는 익을수록 고개를 숙인다** 훌륭한 사람일수록 겸손하다.

벼는 처음에 곧게 서 있어요. 벼가 익어서 알맹이가 꽉 차면 점점 무거워지고, 고개를 숙이게 되지요. 벼가 익을수록 고개를 숙이는 것처럼, 아는 것이 많고 훌륭한 사람일수록 겸손하다는 뜻을 지니고 있답니다. 아는 것이 많아지면 잘난 체하거나 뽐내기 쉬운데, 훌륭한 사람은 오히려 스스로를 낮추고 겸손한 모습을 보입니다.

17강 더도 덜도 말고 한가위만 같아라

그림으로 생각해 봐요

1 추석과 관련된 낱말을 찾아 ○표 하세요.

차	연	바	산	소
례	자	공	울	서
여	전	성	필	송
바	거	묘	주	편
한	가	위	저	기

2 그림에 알맞은 말을 찾아 선으로 이어 보세요.

1  ·   · **가** 뺨

2 ·   · **나** 아름

3 ·   · **다** 움큼

💬 아래에 있는 낱말들 중에서 그 뜻을 잘 알고 있는 낱말에 ✔표를 하세요.

☐ 차례	☐ 산소	☐ 성묘
☐ 맺다	☐ 움큼	☐ 물들이다

차례

추석이나 설날 등의 낮에 지내는 제사.

산소

1. (높이는 말로) 사람의 무덤.
2. 무덤이 있는 곳.

비슷한말 묘

성묘

조상의 산소에 가서 인사를 드리고 산소를 돌봄. 또는 그런 일.

맺다

1. 물방울이나 땀방울 등이 매달리다.
2. 열매나 꽃 등이 생겨나거나 그것을 이루다.

비슷한말 열리다, 영글다

움큼 🔍

한 손으로 움켜쥘 만한 분량을 세는 단위.

물들이다 🔍

빛깔이 서서히 퍼지거나 옮아서 묻게 하다.

어휘 더하기

헷갈리는 낱말 <빗다 vs. 빚다>

'빗다'는 [빋따]로 읽습니다. '머리카락이나 털을 빗이나 손 등으로 가지런히 정리하다.'라는 뜻입니다. 머리카락을 가지런하게 할 때 쓰는 물건을 '빗'이라고 하지요.

'빚다'도 [빋따]로 읽습니다. '흙 등을 반죽하고 주물러서 어떤 형태를 만들다.', '곡물 가루를 반죽하여 음식을 만들다.'라는 뜻을 가지고 있습니다. '송편을 빚다.'와 같이 쓰입니다.

💬 **다음 괄호 안에서 적당한 낱말을 찾아 ○표 하세요.**

1 엄마, 머리 (빗어 / 빚어) 주세요.

2 우리 집에서는 떡국에 넣을 만두를 직접 (빗는다 / 빚는다).

▶ 241024-0110

1 다음 그림을 보고, 초성을 참고하여 빈칸에 들어갈 알맞은 낱말을 쓰세요.

1

이번 추석에는 산소에
ㅅ ㅁ 를 갈 거야.

( )

2

호두 한 ㅇ ㅋ
먹으렴.

( )

3

설날 아침에 지내는
ㅊ ㄹ 상에는 떡국을
올려.

( )

▶ 241024-0111

2 다음 그림을 보고, 누가 무엇을 하고 있는지 바르게 나타낸 문장을 고르세요. ( )

수호   지아   한결   이안   도현

① 수호는 머리를 빗습니다.

② 지아는 송편을 빚고 있습니다.

③ 한결이는 꽃다발을 한 움큼 안고 있습니다.

④ 이안이는 봉숭아를 따서 손톱을 물들였습니다.

⑤ 도현이는 나무에 맺힌 사과를 바라보고 있습니다.

3 다음 빈칸에 공통으로 들어갈 낱말을 <보기>에서 골라 쓰세요.

241024-0112

보기

맺혀　　물들여　　빗어　　빚어

– 장미 봉오리가 (　　　　　　) 있다.

– 달리기를 했더니 이마에 땀방울이 송골송골 (　　　　　) 있다.

➜ 공통으로 들어갈 낱말:

241024-0113

4 미로 위 낱말의 뜻에 알맞은 낱말을 따라서 미로를 빠져나가세요.

💬 **다음 글을 읽고 물음에 답해 보세요.**

> 우리 가족은 매년 추석날 아침에 차례를 지내고, 할아버지 산소에 성묘를 간다. 올해도 추석을 맞아 큰집에 가서 할아버지 산소에 다녀왔다. 산소에 가는 길은 언제나 아름답다. 노랗게 물들기 시작한 은행잎을 보니, '추석 연휴가 조금만 더 길었다면 뒷산이 울긋불긋 예쁜 가을옷으로 갈아입은 걸 볼 수 있었을 텐데…….' 하는 아쉬운 마음이 들었다.
>
> 할아버지 산소에 도착해서 먼저 산소 주변을 깨끗하게 정리했다. 준비해 간 음식을 놓고, 아버지를 따라 절을 했다. 성묘를 마치고 내려오는 길에 보니 밤나무에 밤송이가 많이 맺혀 있었다. 길을 둘러보니 누렇게 변해서 떨어진 밤송이가 몇 개 있었다. 조심조심 밟아서 밤송이를 열어 보니 잘 익은 밤이 들어 있었다. 한 개 두 개 줍다 보니 꽤 많았다. 어느새 양쪽 주머니가 불룩해졌다. 큰집에 도착해서 주머니에서 밤을 한 움큼 꺼내 동생에게 주었다. ㉠<u>밤을 받아 든 동생의 얼굴이 추석 보름달만큼 환해졌다.</u> 내 마음도 덩달아 환해졌다.

▶ 241024-0114

1 윗글에서 글쓴이가 본 것이 <u>아닌</u> 것은 무엇인가요? (   )

① 누렇게 변해서 떨어진 밤송이들
② 밤송이가 많이 맺혀 있는 밤나무
③ 밤송이 안에 들어 있는 잘 익은 밤
④ 은행잎이 노랗게 물들기 시작한 모습
⑤ 울긋불긋한 가을옷을 입은 아버지의 모습

▶ 241024-0115

2 ㉠처럼 동생의 얼굴이 환해진 이유로 알맞은 것에 ○표 하세요.

(1) 밤을 한 움큼 선물받은 것이 기분이 좋아서 (   )
(2) 길에 떨어진 밤송이에서 잘 익은 밤을 찾아서 (   )

 **어휘 펼치기**

한가위 8월의 한가운데에 있는 큰 날.(=추석)

'한'은 크다, '가위'는 가운데라는 뜻입니다. 그러므로 한가위는 '한가운데에 있는 큰 날.'이라는 뜻이며, 추석을 가리킵니다. 추석에는 그해에 수확한 쌀로 빚은 송편과 햇과일 등으로 음식을 장만하여 차례를 지내요. 사람들은 한가위에 씨름, 줄다리기, 강강술래 등의 민속놀이를 즐겨요.

18강 '어린이 교통사고'를 예방하려면

그림으로 생각해 봐요

💬 다음 그림을 보고, 안전한 모습에는 ○표, 위험한 모습에는 △표 하세요.

1 비가 오는 날에는 자전거를 타고 등교해요.

2 버스를 기다릴 때 차가 다니는 위험한 도로로 내려가지 않아요.

3 신호등에 초록불이 켜지자마자 서둘러 길을 건너요.

4 횡단보도를 건널 때에는 차가 오는지 주위를 살핀 뒤 손을 들고 건너는 습관을 지녀요.

💬 아래에 있는 낱말들 중에서 그 뜻을 잘 알고 있는 낱말에 ✓표를 하세요.

- ☐ 등교
- ☐ 예방
- ☐ 서두르다
- ☐ 주의하다
- ☐ 위험
- ☐ 습관

등교 🔍

학생이 학교에 감.

반대말 하교

학교 다녀오겠습니다.

등교 시간에 늦지 않도록 서두르렴.

예방 🔍

병이나 사고 등이 생기지 않도록 미리 막음.

점심을 먹기 전에 손을 깨끗하게 씻어야 해.

손을 잘 씻으면 감기도 예방할 수 있어.

서두르다 🔍

1. 일을 빨리 하려고 침착하지 못하고 급하게 행동하다.
2. 일을 예정보다 빨리 하려고 바쁘게 움직이다.

8:59

이러다 기차를 놓치겠어. 좀 더 서두르자!

주의하다 🔍

1. 마음에 새겨 두고 조심하다.
2. 어떤 상태나 일에 관심을 집중하다.

여름에는 식중독에 걸리기 쉬우니 음식을 먹을 때는 더욱 주의해야 한단다.

NEWS

여름철 식중독 예방법

위험

해를 입거나 다칠 가능성이 있어 안전하지 못함.

습관

오랫동안 되풀이하는 동안에 저절로 익혀진 행동 방식.

[비슷한말] 버릇

어휘 더하기

헷갈리는 낱말 <달리다 vs. 달이다>

'달리다'는 뛰어서 빨리 오가거나, 차, 기차, 배 등이 빠른 속도로 움직이는 것을 말해요.
㉠ 결승선을 향해 달리다.

'달이다'는 진하게 되도록 끓이거나, 물을 부어 우러나도록 끓이는 것을 말해요.
㉠ 몸이 아프신 부모님을 위해 한약을 달이다.

💬 **다음 문장을 읽고 어울리는 낱말에 ○표 하세요.**

그는 산에서 어렵게 구한 약초를 들고 집을 향해 빠르게 **1** (달렸어요 / 달였어요). 그리고 뜨거운 불 앞에 앉아 쉬지 않고 부채질을 하며 정성껏 약을 **2** (달렸어요 / 달였어요).

▶ 241024-0116

1 왼쪽에 있는 낱말을 따라 써 본 후, 오른쪽에서 그 뜻을 찾아 선으로 이어 보세요.

1 예방

2 서두르다

3 주의하다

· ㉠ 일을 빨리 하려고 침착하지 못하고 급하게 행동하다.

· ㉡ 1. 마음에 새겨 두고 조심하다.
　2. 어떤 상태나 일에 관심을 집중하다.

· ㉢ 병이나 사고 등이 생기지 않도록 미리 막음.

▶ 241024-0117

2 다음 뜻에 알맞은 낱말을 <보기>에서 찾아 사다리를 타고 내려간 곳에 쓰세요.

보기

등교　　위험　　습관

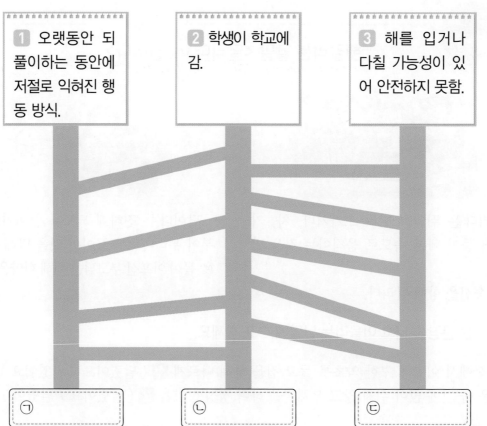

1 오랫동안 되풀이하는 동안에 저절로 익혀진 행동 방식.

2 학생이 학교에 감.

3 해를 입거나 다칠 가능성이 있어 안전하지 못함.

㉠　　　㉡　　　㉢

241024-0118

3 다음 밑줄 친 말과 비슷하거나 반대의 뜻으로 쓸 수 있는 낱말을 <보기>에서 골라 기호로 쓰세요.

보기

ㄱ 서두르다   ㄴ 하교   ㄷ 위험   ㄹ 습관

1 나는 긴장하면 손톱을 물어뜯는 <u>버릇</u>이 있어. 좋지 않은 <u>버릇</u>은 고치는 게 좋아.

비슷한말
→

2 새 학기 첫날, <u>등교</u> 시간이 가까워지자 심장이 쿵쿵 뛰기 시작했다.

반대말
→

241024-0119

4 다음에서 설명하는 낱말이 있는 부분을 그림에서 찾아 색칠하고, 어떤 그림이 완성되었는지 쓰세요.

① 병이나 사고 등이 생기지 않도록 미리 막음. (빨간색)
② 하교의 반대말. (파란색)
③ 마음에 새겨 두고 조심하다. (초록색)
④ '신호등을 지키지 않으면 사고의 □□이 커집니다.' (노란색)

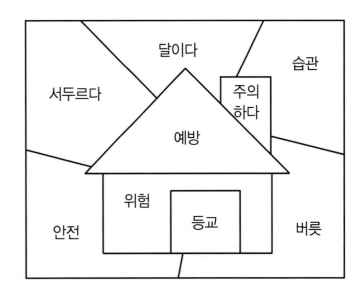

→ 어떤 그림이 완성되었나요? (   )

💬 **다음 글을 읽고 물음에 답해 보세요.**

> 어린이 교통사고를 예방하려면 어떤 점을 주의해야 할까요? 첫째, 등교할 때 자전거나 킥보드를 이용하기보다는 천천히 걸어서 등교하는 것이 안전해요. 특히 비가 오는 날에는 길이 미끄러워 위험하므로 자전거를 타고 등교하지 않아요.
>
> 둘째, 횡단보도를 건널 때에는 신호등에 초록색 불이 켜지더라도 너무 서두르지 말고, 차가 오는지 주위를 살핀 뒤 손을 들고 길을 건너야 해요.
>
> 셋째, 휴대 전화를 보면서 길을 걷지 않아야 해요. 휴대 전화에 집중하면 앞이 잘 보이지 않고 소리가 들리지 않아 위험할 수 있어요.
>
> 이 외에도 큰 차 뒤에 서 있지 않기, 차가 다니지 않는 안전한 곳에서 놀기 등 안전한 생활 습관을 몸에 익혀 어린이 교통사고를 줄일 수 있도록 다 함께 노력해 보아요.

▶ 241024-0120

1 윗글은 어떤 내용에 관한 글인가요? 빈칸에 어울리는 낱말을 쓰세요.

| ㅇ ㄹ ㅇ | ㄱ ㅌ ㅅ ㄱ |를 예방하기 위한 방법

▶ 241024-0121

2 다음 중 안전한 생활 습관이 <u>아닌</u> 것은 무엇인가요? (   )

① 비가 오는 날에 자전거를 타고 등교했어.
② 횡단보도를 건널 때에는 손을 들고 길을 건너.
③ 길을 걸을 때 휴대 전화를 보지 않으려고 노력해.
④ 친구들과 놀 때는 차가 다니지 않는 안전한 곳에서 놀아.
⑤ 횡단보도를 건널 때에는 신호등에 초록불이 켜져도 너무 서두르지 않아야 해.

어휘 펼치기   **간이 콩알만 해지다** 몹시 두려워지거나 무서워지다.

> 우리 조상들은 옛날부터 간이 튼튼하면 용기가 있다고 여겼어요. 그래서 겁이 없는 사람에게는 '간이 크다.'라고 말했어요. 갑자기 무섭거나 불안함을 느끼면 우리 몸은 움츠러들어요. 즉, '간이 콩알만 해지다'는 우리 몸속의 사람 손바닥만 한 간이 콩알만큼 작아질 정도로 놀라거나 무서울 때 쓰는 말이랍니다.

우산을 잃어버린 날

글 또는 그림으로 표현해 봐요

💬 다음 그림을 보고, 나의 경험을 글 또는 그림으로 나타내 보세요.

◆ 물건을 잃어버린 적이 있나요? 내가 잃어버렸던 물건을 그림으로 그려 보세요.

◆ 학교생활을 더 잘하기 위해 마음먹은 일을 써 보세요.

💬 아래에 있는 낱말들 중에서 그 뜻을 잘 알고 있는 낱말에 ✓표를 하세요.

☐ 분실하다   ☐ 소란   ☐ 빌리다

☐ 배려하다   ☐ 마음먹다   ☐ 전하다

분실하다

자기도 모르게 물건을 잃어버리다.

소란

시끄럽고 정신없게 복잡함.

빌리다

(다른 사람의 물건이나 돈을) 나중에 돌려주기로 하고 얼마 동안 쓰다.

배려하다

도와주거나 보살펴 주려고 마음을 쓰다.

마음먹다

마음속으로 어떤 일을 하겠다고 결심하거나 생각하다.

전하다

1. 어떤 것을 상대에게 옮겨 주다.
2. 어떤 소식, 생각 등을 상대에게 알리다.

어휘 더하기

헷갈리는 낱말 <세다 vs. 새다>

'세다'는 수를 헤아리는 것을 말해요.
㉠ 손을 든 학생의 수를 세다.

'새다'는 틈이나 구멍으로 무언가가 빠져나가거나 들어오는 것을 말해요.
㉠ 공에 구멍이 나서 바람이 새다.

💬 다음 그림을 보고 어울리는 낱말에 ○표 하세요.

 1  술래잡기를 시작하기 전에 열을 (세다 / 새다).

2  비가 와서 천장에서 물이 (세다 / 새다).

▶ 241024-0122

1 왼쪽에 있는 낱말을 따라 써 본 후, 오른쪽에서 그 뜻을 찾아 선으로 이어 보세요.

① 분실하다 | 분 실 하 다 ·

② 전하다 | 전 하 다 ·

③ 마음먹다 | 마 음 먹 다 ·

· ⊙ 자기도 모르게 물건을 잃어버리다.

· ⓒ 마음속으로 어떤 일을 하겠다고 결심하거나 생각하다.

· ⓒ 1. 어떤 것을 상대에게 옮겨 주다.
2. 어떤 소식, 생각 등을 상대에게 알리다.

▶ 241024-0123

2 다음 글의 빈칸에 들어갈 알맞은 낱말을 <보기>에서 찾아 쓰세요.

> 보기
>
> 분실해요   소란   빌려요   배려해요   전해요   질서

〈도서관에서는 이렇게〉

☞ 읽고 싶은 책은 차례로 줄을 서서 (⊙   ).

☞ 큰 소리로 떠들거나 (ⓒ   )을 피우지 않아요.

☞ 자리를 깨끗하게 사용하여 도서관을 함께 이용하는 친구들을 (ⓒ   ).

▶ 241024-0124

3 '세다'와 '새다' 중 다음의 상황에 어울리는 낱말에 〇표 하세요.

▶ 241024-0125

4 물속을 헤엄치는 글자들 중 <보기>의 빈칸에 어울리는 낱말을 찾아 자음과 같은 색깔 선으로 묶어 보세요.

 보기

- ㅅ ㄹ : 시끄럽고 정신없게 복잡함.

- ㅂ ㄹ ㄷ : (다른 사람의 물건이나 돈을) 나중에 돌려주기로 하고 얼마 동안 쓰다.

- ㅂ ㄹ ㅎ ㄷ : 도와주거나 보살펴 주려고 마음을 쓰다.

- 친구의 생일에 축하 편지를 써서 ㅈ ㅎ ㄷ .

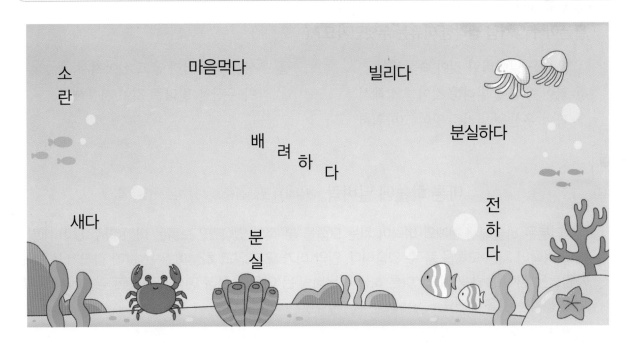

어휘 활용하기

💬 다음 글을 읽고 물음에 답해 보세요.

> 오전에 조금씩 내리던 빗방울이 오후가 되자 더 많이 떨어지기 시작했다. 바람이 세게 불고 번개가 치자 놀라서 소리를 치는 아이들 때문에 교실이 소란스러워졌다. 수업이 끝나고 집에 가려고 우산을 찾았는데 어디에도 내 우산이 보이지 않았다. 분실한 물건을 모아 둔 곳에도 가 보았지만 찾을 수 없었다.
>
> 집에 갈 일이 걱정되어 막 눈물이 나려고 할 때, 내 짝이 우산을 두 개 가져왔다며 하나를 빌려줬다. 덕분에 나는 비를 맞지 않고 무사히 집에 도착했다. 하늘에서는 비가 내렸지만 ㉠내 마음속의 날씨는 맑음이었다.
>
> 오늘 우산을 빌려준 친구에게 편지를 써 고마운 마음을 전해야겠다. 그리고 앞으로는 나도 내 짝처럼 다른 친구들을 배려하는 멋진 사람이 되기로 마음먹었다.

▶ 241024-0126

1 윗글에 대한 설명으로 옳지 <u>않은</u> 것은 무엇인가요? (   )

① 글쓴이는 우산을 잃어버렸다.

② 오후가 되자 비가 더 많이 내렸다.

③ 글쓴이는 짝에게서 우산을 빌릴 수 있었다.

④ 글쓴이는 학교 분실물 보관함에서 잃어버린 우산을 찾았다.

⑤ 글쓴이는 짝에게 편지를 써서 고마운 마음을 전해야겠다고 생각했다.

▶ 241024-0127

2 글쓴이가 ㉠처럼 생각한 이유는 무엇인가요? (   )

① 우산을 잃어버린 것이 속상해서   ② 우산을 잃어버려 울고 싶어져서

③ 짝이 우산을 빌려준 것이 속상해서   ④ 짝이 우산을 빌려준 것이 서운해서

⑤ 짝이 우산을 빌려준 것이 고마워서

어휘 펼치기

마른 하늘에 날벼락 예상하지 못한 상황에서 생기는 불행한 일.

여러분은 하늘에서 번개와 벼락이 치는 모습을 본 적이 있나요? 보통은 비가 아주 많이 내릴 때 번개와 벼락이 치는 모습을 볼 수 있습니다. 만약 비가 오지 않고 하늘이 맑은 날에 갑자기 벼락이 치면 사람들은 깜짝 놀랄 거예요. '마른 하늘에 날벼락'은 이처럼 전혀 예상하지 못한 상황에서 좋지 않은 일이 생기는 것을 뜻해요.

글 또는 그림으로 표현해 봐요

💬 만약 내가 보물을 찾아 떠나는 모험 이야기 속 주인공이 되었다면 보물이 숨겨져 있을 것 같은 장소를 골라 〇표 하세요.

무인도

깊은 산속

깊은 바닷속

💬 내가 가장 소중하게 생각하는 보물 세 가지를 정해 보물 상자 안에 써 보세요.

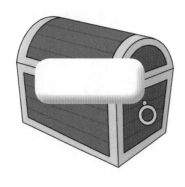

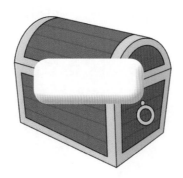

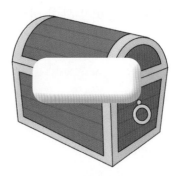

💬 아래에 있는 낱말들 중에서 그 뜻을 잘 알고 있는 낱말에 ✓표를 하세요.

☐ 모험 ☐ 상황 ☐ 화창하다

☐ 변덕스럽다 ☐ 위급하다 ☐ 요청하다

모험

힘들거나 위험할 줄 알면서도 어떤 일을 함.

상황

일이 진행되어 가는 형편이나 모양.

화창하다

날씨가 맑고 따뜻하며 바람이 부드럽다.

변덕스럽다

말이나 행동, 감정 등이 이랬다저랬다 자주 변하는 데가 있다.

위급하다

어떤 일이나 상태가 몹시 위험하고 급하다.

요청하다

필요한 일을 해 달라고 부탁하다.

어휘 더하기

헷갈리는 낱말 <찢다 vs. 찧다>

'찢다'는 도구를 이용하거나 잡아당겨 갈라지게 하는 것을 말해요.
㉎ 종이를 찢다.

'찧다'는 곡식 등을 빻기 위해 절구에 넣고 내리치거나, 어디에 부딪치는 것을 말해요.
㉎ 다진 마늘이 필요해 마늘을 찧다.
책장 모서리에 이마를 찧다.

💬 다음 그림을 보고 어울리는 낱말에 ○표 하세요.

1  제비의 다친 다리를 감싸 주려고 천을 (찢다 / 찧다).

2  죽을 쑤려고 보리쌀을 (찢다 / 찧다).

▶ 241024-0128

1 왼쪽에 있는 낱말을 따라 써 본 후, 오른쪽에서 그 뜻을 찾아 선으로 이어 보세요.

1 상황 ·

2 모험 ·

3 요청하다  ·

· ㉠ 필요한 일을 해 달라고 부탁하다.

· ㉡ 힘들거나 위험할 줄 알면서도 어떤 일을 함.

· ㉢ 일이 진행되어 가는 형편이나 모양.

▶ 241024-0129

2 다음 뜻에 어울리는 낱말을 <보기>에서 찾아 쓰고, 어울리는 상황의 그림을 찾아 선으로 연결해 보세요.

화창하다   변덕스럽다   위급하다

날씨가 맑고 따뜻하며
바람이 부드럽다.

어떤 일이나 상태가
몹시 위험하고 급하다.

말이나 행동, 감정 등이
이랬다저랬다 자주 변하는
데가 있다.

1 [　　　　]   2 [　　　　]   3 [　　　　]

·   ·   ·

·   ·   ·

3 다음의 상황에 어울리는 낱말에 〇표 하세요.

241024-0130

1 찹쌀가루를 쪄서 절구에 (찢은 / 찧은) 뒤 콩고물을 묻히면 맛있는 인절미를 만들 수 있어요.

2 개인의 정보가 담긴 영수증을 버릴 때는 영수증을 (찢어서 / 찧어서) 버려야 해요.

3 미끄러운 길 위를 달려가다 엉덩방아를 (찢었어요 / 찧었어요).

241024-0131

4 달팽이가 집에 돌아가려고 해요. 달팽이가 집을 잘 찾아갈 수 있도록 <보기>의 빈칸에 어울리는 낱말을 차례로 골라 주세요.

보기

❶ 잘해 주다가도 갑자기 화를 내는 걸 보니 그의 성격은 (   ).

❷ (   ) 봄이 되자 꽃들이 피기 시작했다.

❸ (   ) 상황일수록 당황하지 말고 침착하게 행동해야 해.

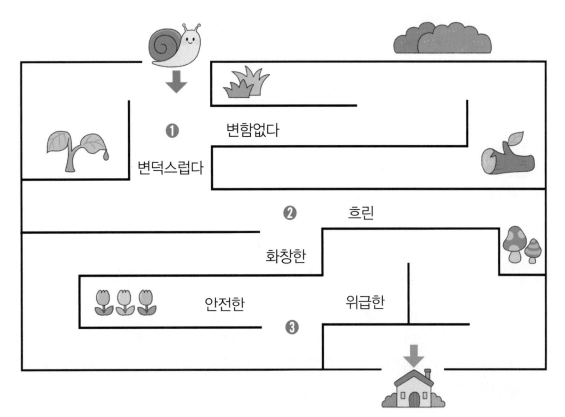

💬 다음 글을 읽고 물음에 답해 보세요.

> 보물을 찾기 위한 모험을 하는 동안 제크와 친구들은 많은 일을 경험했어요.
>
> 하루는 하늘에 구름 한 점 없이 화창했다가 갑자기 비가 쏟아지는 변덕스러운 날씨 때문에 온몸이 흠뻑 젖어 감기에 걸렸어요. 또 어떤 날은 숲길을 지나다 질퍽거리는 늪에 발이 빠져 마을 사람들에게 도움을 요청하여 위급한 상황을 벗어난 적도 있어요. 먹을 것도 부족하고 오래 걸은 탓에 다리도 아팠지만, 제크와 친구들은 서로를 믿으며 끝까지 포기하지 않았어요.
>
> 결국 제크와 친구들은 그토록 찾아 헤매던 보물을 찾아내고야 말았어요. 그렇게 어렵게 찾은 보물을 가족, 친구들, 그리고 주변의 어려운 이웃들과 함께 나누었어요. '어쩌면 ㉠진정한 보물은 어려운 일이 생겼을 때 서로 돕고, 기쁜 일은 함께 나눌 수 있는 내 주변의 사람들이 아닐까?'라고 제크는 생각했어요.

▶ 241024-0132

1 제크와 친구들이 보물을 찾을 수 있었던 이유는 무엇인가요? (   )

① 갑자기 비가 쏟아져서
② 숲길을 지나다 늪에 발이 빠져서
③ 모험을 하는 동안 먹을 것이 부족해서
④ 급한 상황 때문에 모험하는 것을 포기해서
⑤ 어려운 상황이 많았지만 끝까지 포기하지 않고 노력해서

▶ 241024-0133

2 제크가 생각하는 ㉠은 무엇인가요? (   )

① 어려운 상황   ② 변덕스러운 날씨
③ 제크 주변의 사람들   ④ 보물을 찾을 수 있는 지도
⑤ 수천 년 전부터 전해 내려온 보물

어휘 펼치기   **고생 끝에 낙(즐거움)이 온다** 어려운 일을 겪고 나면 좋은 일이 생긴다.

> 산더미 같은 숙제를 모두 끝낸 뒤에, 재미있는 만화를 보면서 맛있는 치킨까지 먹는다면 얼마나 기분이 좋을까요? 끊임없이 계속되는 고생은 없어요. '고생 끝에 낙이 온다'는 어려운 일을 겪고 난 뒤에는 반드시 좋은 일이 생긴다는 말이에요. 그러니 우리 친구들은 힘든 일이 있어도 포기하거나 좌절하지 말아요!

241024-0134

1 낱말과 그 뜻이 바르게 짝 지어지지 <u>않은</u> 것은 무엇인가요? (   )

① 주의하다 – 마음에 새겨 두고 조심하다.

② 다짐하다 – 마음을 굳게 먹고 뜻을 정하다.

③ 물들이다 – 빛깔이 서서히 퍼지거나 옮아서 묻게 하다.

④ 변덕스럽다 – 말이나 행동, 감정 등이 이랬다저랬다 자주 변하는 데가 있다.

⑤ 분실하다 – (다른 사람의 물건이나 돈을) 나중에 돌려주기로 하고 얼마 동안 쓰다.

241024-0135

2 뜻이 비슷한 말끼리 짝 지어지지 <u>않은</u> 것은 무엇인가요? (   )

① 독창적 – 창의적   ② 감상 – 느낌   ③ 산소 – 묘

④ 등교 – 하교   ⑤ 습관 – 버릇

241024-0136

3 빈칸에 들어갈 알맞은 낱말을 찾아 선으로 이으세요.

1 봄에는 산불이 나기 쉬우므로 ㉠ ☐ 에 힘써야 한다.   • 모험

2 우리 가족은 추석 아침에 ㉡ ☐ 를 지냈다.   • 예방

3 그는 부모님께 드릴 약초를 찾기 위해 ㉢ ☐ 을 떠났다.   • 차례

4 상대가 공을 놓치며 우리 편에 유리한 ㉣ ☐ 이 되었다.   • 상황

▶ 241024-0137

4 다음 글에 대한 설명으로 옳지 <u>않은</u> 것은 무엇인가요? (   )

> 오늘은 언니와 함께 미술 작품 전시회를 보러 가는 날이다. 작품을 감상하며 기억에 남는 점을 간단히 써 보려고 가방에 필기도구도 갖추었다. 미술관에 도착하니 해 질 무렵 붉게 물든 하늘을 그린 그림, 싱그러운 나뭇잎에 투명한 이슬이 맺힌 그림 등 멋진 작품들이 전시되어 있었다. 언니는 이곳에 전시된 작품들이 독창적인 표현 방법 때문에 매우 가치가 높다고 말했다. 그중에서도 내 마음에 쏙 드는 그림을 발견했을 땐 기쁜 마음에 큰 소리를 낼 뻔했지만 다른 관람객들을 배려하여 꾹 참았다. 집에 돌아가는 길에 나도 이렇게 멋진 그림을 그려 내 방에 붙여 놓아야겠다고 마음먹었다.

① 글쓴이는 언니와 함께 미술 작품 전시회를 보러 갔다.
② 글쓴이는 미술관에 갈 때 필기도구를 가져갔다.
③ 전시된 작품 중에는 해 질 무렵의 하늘을 그린 그림이 있었다.
④ 글쓴이는 마음에 드는 그림을 발견하고 크게 소리를 질렀다.
⑤ 글쓴이는 자신도 멋진 그림을 그려 방에 붙여 놓아야겠다고 생각했다.

받아쓰기

불러 주는 말을 잘 듣고 낱말의 뜻에 주의하며 받아쓰세요.

1 남

2 콩

3 늦

4 교

5 연

찾아보기

붙임 딱지 1

32쪽

47쪽

55쪽

 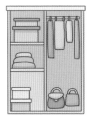  

붙임 딱지 2

💬 학습한 날짜를 적고 붙임 딱지 2를 붙여 진도를 확인해 보세요.

01강	02강	03강	04강	05강
월 일	월 일	월 일	월 일	월 일

06강	07강	08강	09강	10강
월 일	월 일	월 일	월 일	월 일

11강	12강	13강	14강	15강
월 일	월 일	월 일	월 일	월 일

16강	17강	18강	19강	20강
월 일	월 일	월 일	월 일	월 일

점선을 잘라서 사용하세요.

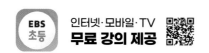

초 | 등 | 부 | 터 **EBS**

새 교육과정 반영

국어 어휘 베스트셀러 시리즈

초등 국어 어휘

2단계

초등 1~2학년 권장

정답과 해설

'한눈에 보는 정답' 보기
& 정답과 해설 다운로드

어휘가
독해다!
초등 국어 어휘

정답과 해설

2단계

초등 1~2학년 권장

01강 차근차근 생각하며 배워요

어휘 더하기

본문 7쪽

1 채	2 톨	3 벌

1 집을 세는 단위이므로 '채'가 알맞습니다.

2 곡식의 낱알을 세는 단위이므로 '톨'이 알맞습니다.

3 옷을 세는 단위이므로 '벌'이 알맞습니다.

어휘 다지기

본문 8~9쪽

1 (1) ㉠ (2) ㉡ (3) ㉢
2 (1) 짐작 (2) 기발 (3) 신중
3 (1) [예시 답] 어리석은
　 (2) [예시 답] 평범하다
4 ㉠ 대중, ㉡ 생각, ㉢ 현명하다, ㉣ 판정,
　 ㉤ 조심스럽다

1 (1) '슬기롭다'는 '주어진 상황을 바르게 판단하여 일을 잘 처리한다.'라는 뜻입니다.
　 (2) '판단'은 '논리나 기준에 따라 어떠한 것에 대한 생각을 정함.'이란 뜻입니다.
　 (3) '사고'는 '어떠한 것에 대해 깊이 있게 생각함.'이란 뜻입니다.

2 (1) 탐정이 범인이 누군지 모르는 상황에서 사정이나 형편을 어림잡아 생각하고 있으므로 '짐작'이란 낱말이 알맞습니다.
　 (2) 과학 발명 대회에 나갈 아이디어를 찾고 있으므로 놀라울 정도로 재치가 있고 뛰어나다는 뜻의 '기발하다'가 알맞습니다.
　 (3) 토끼가 간을 육지에 빼놓고 왔다고 하는 상황에서 용왕이 토끼를 육지로 보낼지 말지 결정해야 하는 상황이므로 '신중하다'라는 낱말이 알맞습니다.

3 (1) '슬기롭다'의 반대말은 '어리석다'입니다.
　 (2) '기발하다'의 반대말은 '평범하다'입니다.

4 ㉠ '짐작'의 비슷한말에는 '대중'이 있습니다.
　 ㉡ '사고'의 비슷한말에는 '생각', '사유'가 있습니다.
　 ㉢ '슬기롭다'의 비슷한말에는 '현명하다'가 있습니다.
　 ㉣ '판단'의 비슷한말에는 '판정'이 있습니다.
　 ㉤ '신중하다'의 비슷한말에는 '조심스럽다'가 있습니다.

어휘 활용하기

본문 10쪽

1 장래 희망	2 ④

1 삼촌은 지난번에 지우를 만났을 때 장래 희망이 무엇인지 물었더니 잘 모르겠다고 한 것을 떠올리며 장래 희망을 찾는 방법에 관해 이야기해 주고 있습니다.

2 삼촌은 지우가 기발한 생각을 자주 한다고 하였어요. '기발하다'는 '놀라울 정도로 재치가 있고 뛰어나다.'를 뜻합니다.

02강 깊이 생각해요

어휘 더하기

본문 13쪽

1 학교	2 학기, 학용품

1 '학교'는 '일정한 목적 · 교과 과정 · 설비 · 제도 및 법규에 의하여 계속적으로 학생에게 교육을 실시하는 기관.'을 뜻해요. 동생이 초등학교에 입학하므로 '학교'가 알맞습니다.

2 '학기'는 '한 학년 동안을 학업의 필요에 의하여 구분한 기간.'을 뜻하고, '학용품'은 '학습에 필요한 물품. 필기도구, 공책 따위를 통틀어 가리키는 말.'입니다.

어휘 다지기

본문 14~15쪽

1 (1) ㉢ (2) ㉡ (3) ㉠
2 (1) 파악 (2) 건성 (3) 까닭
3 (1) 대강(대충) (2) 이해
4

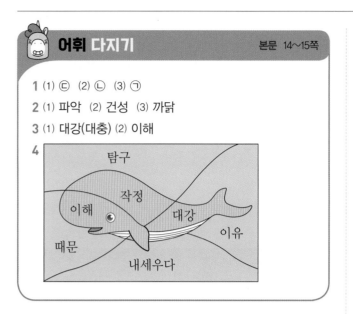

1 (1) '주장하다'는 '자신의 의견이나 신념을 굳게 내세
우다.'라는 뜻입니다.
(2) '연구'는 '사실을 밝히기 위해 조사하고 분석하는
일.'을 뜻합니다.
(3) '확정'은 '확실하게 정함.'이라는 뜻입니다.

2 (1) 학교에 출석한 학생의 수를 확실하게 알아야 하
므로 '파악'이라는 낱말이 알맞습니다.
(2) 탐정이 이번 사건을 꼼꼼하게 조사해야 한다고
하며, 절대 하지 말아야 할 행동을 이야기하고 있
어요. 따라서 주의를 하지 않고 별생각 없이 대충
하는 태도라는 뜻을 가진 '건성'이 알맞습니다.
(3) 미술실이 깨끗해지게 된 이유에 대해 묻고 있으
므로 '까닭'이라는 낱말이 알맞습니다.

3 (1) '건성'과 비슷한 의미의 낱말에는 '대강, 대충'이
있습니다.
(2) '파악'과 비슷한 의미의 낱말에는 '이해'가 있습니다.

4 파란색을 칠해야 하는 '연구, 주장하다, 까닭'과 비슷
한말은 '탐구, 내세우다, 때문, 이유'이므로 파란색을
칠해야 합니다. 회색을 칠해야 하는 '건성, 파악, 확
정'과 비슷한말은 '대강, 이해, 작정'이므로 회색을
칠해야 합니다.

어휘 활용하기

본문 16쪽

1 ③   2 ④

1 뉴턴은 사과가 떨어지는 것을 건성으로 보아 넘기지 않
고, 사과가 아래로만 떨어지는 까닭을 연구했습니다.

2 '파악하다'는 '어떤 일이나 내용을 확실하게 이해하여
알다.'를 뜻합니다.

오답 풀이

① '탐구하다'는 '학문 등을 깊이 파고들어 연구하다.'
를 뜻합니다.
② '조사하다'는 '어떤 일이나 사물의 내용을 알기 위
하여 자세히 살펴보거나 찾아보다.'를 뜻합니다.
③ '연구하다'는 '어떤 사물이나 일에 관련된 사실을
밝히기 위해 그에 대해 자세히 조사하고 분석하
다.'를 뜻합니다.
⑤ '확정하다'는 '확실하게 정하다.'를 뜻합니다.

03강 대상을 설명해 보아요

어휘 더하기

본문 19쪽

1 생일   2 생필품

1 '세상에 태어난 날, 또는 태어난 날을 기념하는 해마
다의 그날.'을 '생일'이라고 하므로, '나는 내가 태어
난 생일이 너무 기다려졌다.'가 알맞습니다.

2 '일상생활에 반드시 있어야 할 물품.'을 '생필품'이라
고 하므로, '우리 생활에 꼭 필요한 물건을 생필품이
라고 한다.'가 알맞습니다.

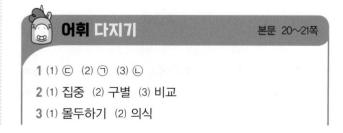

어휘 다지기

본문 20~21쪽

1 (1) ㉢ (2) ㉠ (3) ㉡
2 (1) 집중 (2) 구별 (3) 비교
3 (1) 몰두하기 (2) 의식

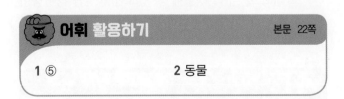

4

나	임	구	소	집	중
쉬	방	별	담	르	부
비	교	하	다	사	해
흔	루	다	작	이	숙
연	지	마	크	감	정
관	련	위	주	현	신

1 (1) '헷갈리다'는 '정신이 어지럽고 혼란스럽게 되다.' 를 뜻합니다.

(2) '정신'은 '마음의 자세나 태도.'를 뜻합니다.

(3) '관련'은 '서로 영향을 주고받도록 관계를 맺고 있음.'을 뜻합니다.

2 (1) 도서관에서 떠드는 아이들 때문에 학생이 책을 읽기에 어려움을 호소하고 있으므로, '집중'이 알 맞습니다.

(2) 진짜와 가짜를 가려내야 하는 상황이므로 '구별' 이 알맞습니다.

(3) 둘 이상의 것을 함께 놓고 어떤 점이 같고 다른지 살펴보아야 하는 상황이어서 '비교'라는 낱말이 알맞습니다.

3 (1) '집중하다'와 비슷한말은 '골몰하다', '몰두하다'입 니다.

(2) '정신'과 비슷한말에는 '얼', '생각', '의식'이 있습 니다.

4 〈보기〉의 낱말을 낱말 표에서 순서대로 찾아보세요.

어휘 활용하기   본문 22쪽

1 ⑤   2 동물

1 대부분의 산호는 한자리에서 여럿이 모여 살아가지 만, 산호 중에는 움직일 수 있는 근육이 있어 옮겨 다니며 사는 산호도 있다고 했습니다.

2 이 글에서는 산호가 스스로 움직일 수 있고, 사냥한 먹이로 영양분을 얻는다고 했습니다. 이런 점은 식 물과 구별되는 동물의 특징에 해당합니다. 따라서 산호는 동물에 속한다고 볼 수 있습니다.

04강 움직임을 표현해 보아요

어휘 더하기   본문 25쪽

1 느리다   2 늘이다

1 '느리다'는 '속도'와 관련이 있습니다.

2 '늘이다'는 '길이'와 관련이 있습니다.

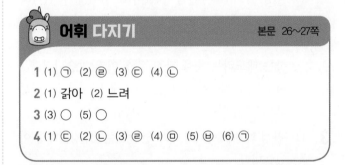

어휘 다지기   본문 26~27쪽

1 (1) ㉠ (2) ㉣ (3) ㉢ (4) ㉡

2 (1) 갉아 (2) 느려

3 (3) ○ (5) ○

4 (1) ㉢ (2) ㉡ (3) ㉣ (4) ㉤ (5) ㉥ (6) ㉠

1 (1) 아이스크림은 부드러워요. 그리고 혀로 긁거나 뜯어서 먹을 수 없어요. 따라서 혀로 핥아 먹는다 는 표현과 어울립니다.

(2) 선생님께 칭찬을 받아서 뽐내고 싶은 마음을 표 현하기에 가장 알맞은 표현은 '으쓱하다'입니다. '으쓱하다'는 어떤 일에 대해 잘 모른다는 뜻을 나 타낼 때에도 사용합니다.

(3) 아침에 일어나 팔이나 다리를 쭉 뻗고 몸을 길게 늘이는 행동을 '기지개를 켜다.'라고 합니다.

(4) 몸을 작게 옴츠리고 앉는 것을 '쪼그려 앉다.'라고 합니다.

2 (1) 애벌레가 나뭇잎을 조금씩 뜯어서 먹고 있습니다. 날카로운 것으로 조금씩 긁거나 뜯는 '갉다'가 가장 잘 어울리는 낱말입니다. '갉다'를 문장의 빈칸에 알맞도록 바꾸면 '갉아'가 됩니다.

(2) 속도와 관련된 말은 '느리다'입니다. '느리다'를 빈칸에 알맞도록 바꾸면 '느려'가 됩니다.

3 (3) 다혜가 어깨를 올리고 있어요. 어깨를 으쓱하는 동작을 알맞게 나타낸 문장입니다.

(5) 민영이는 혀를 내밀어 사탕의 겉을 핥아 먹고 있으므로 알맞게 나타낸 문장입니다.

오답 풀이

(1) 그림에서 수진이는 팔을 쭉 뻗고 있습니다. '수그리다'는 몸이나 몸의 일부를 안으로 숙인다는 뜻입니다. 수진이가 몸을 수그리고 운동을 한다는 문장은 그림과 반대의 의미입니다. 알맞게 쓰려면 '수진이는 기지개를 켰습니다.'로 바꾸어야 합니다.

(2) 그림에서 진희는 팔과 다리를 접고 몸을 움츠리고 앉아 있습니다. 몸을 쭉 뻗는 기지개는 진희의 모습을 표현하는 데 어울리지 않는 낱말입니다. '진희는 쪼그려 앉아 있습니다.'로 고쳐야 어울리는 문장이 됩니다.

(4) 경민이가 인사를 하고 있습니다. 하지만 팔과 다리를 접고 움츠리고 있지는 않습니다. '경민이는 몸을 수그려 인사를 합니다.'로 고쳐야 알맞은 표현이 됩니다.

4 (1) '으쓱하다'는 어깨가 한 번 올라갔다 내려오는 동작을 뜻합니다.

(2) '쪼그리다'는 팔과 다리를 접고 몸을 움츠린다는 뜻입니다.

(3) '늘이다'는 어떤 것을 원래 것보다 더 길게 한다는 의미를 가지고 있습니다.

(4) '느리다'는 어떤 행동을 하는 데 걸리는 시간이 길다는 뜻입니다.

(5) '핥다'는 어떤 물체의 겉을 혀가 살짝 닿으면서 지나가게 한다는 뜻입니다.

(6) '수그리다'는 몸이나 몸의 일부를 안으로 숙인다는 뜻입니다.

어휘 활용하기　　　　　　　　　　본문 28쪽

1 ①　　　　　　　**2** 많이 컸다

1 마루 밑에 앉아 있던 고양이가 글쓴이와 눈이 마주치자 밖으로 나와 기지개를 켰다고 했습니다. 따라서 기지개를 켜는 행동을 한 것은 글쓴이가 아니라 고양이입니다.

2 글쓴이의 어깨가 으쓱했던 것은 많이 컸다는 할머니의 칭찬을 들었기 때문입니다.

05강 새로운 경험을 해 봐요

그림으로 생각해 봐요　　　　　　　본문 29쪽

1 (나)　　　　　　　**2** (가)

어휘 더하기　　　　　　　　　　본문 31쪽

1 깊은　　　　　　　**2** 깁다

1 '위에서 밑바닥까지 또는 겉에서 속까지의 거리가 먼 것.'이므로 '깊은'이 알맞습니다.

2 '구멍이 나거나 닳아서 떨어진 곳에 다른 조각을 대거나 그대로 꿰매는 것.'이므로 '깁다'가 알맞습니다.

어휘 다지기　　　　　　　　본문 32~33쪽

1 (1) ㉠, ㉡　(2) ㉢　(3) ㉣

2 (1) ㉢　　　(2) ㉠　　　(3) ㉡

3 ②, ⑤

4 (1) 두루뭉술하다 (2) 무리하다 (3) 어스름하다
(4) 여물다 (5) 홀딱 (6) 흥미진진하다

1 (1) '두루뭉술하다'는 '말, 행동이나 태도 등이 분명하지 못하다.'라는 뜻과 '모나거나 튀지 않고 둥그스름하다.'라는 뜻을 가지고 있습니다.
(2) '홀딱'은 '조금 빠르게 한 번에 뒤집거나 뒤집히는 모양.'을 말합니다.
(3) '어스름하다'는 '조금 어둑한 듯하다.'라는 뜻입니다.

오답 풀이
㉣ '정도가 지나쳐서 적당한 범위를 벗어나다.'의 뜻을 가진 낱말은 '무리하다'입니다.

2 (1) '이야기가'에 어울리는 말은 '흥미진진합니다'입니다. 할머니의 이야기를 듣고 있는 모습의 붙임 딱지를 붙입니다.
(2) '무리하게'에 어울리는 말은 '먹었습니다'입니다. 배불러서 힘들어하는 모습의 붙임 딱지를 붙입니다.
(3) '옥수수가'에 어울리는 말은 '여물었습니다'입니다. 옥수수가 잘 익은 모습의 붙임 딱지를 붙입니다.

3 **오답 풀이**
① '우물이 아주 깊다.'는 '깊다'로 써야 합니다.
③ '해진 옷에 천을 대어 깁다.'는 '깁다'로 써야 합니다.
④ '이 옷은 주머니가 아주 깊다.'는 '깊다'로 써야 합니다.

4 (1) '두루뭉술하다'는 '모나거나 튀지 않고 둥그스름하다.'라는 뜻입니다.
(2) '무리하다'는 '정도가 지나쳐서 적당한 범위에서 벗어나다.'라는 뜻입니다.
(3) '어스름하다'는 '조금 어둡다. 조금 어둑한 듯하다.'라는 뜻입니다.
(4) '여물다'는 '과실이나 곡식 등이 알이 들어 딴딴하게 잘 익다.'라는 뜻입니다.
(5) '홀딱'은 '조금 빠르게 한 번에 뒤집거나 뒤집히는 모양.'을 말합니다.
(6) '흥미진진하다'는 '넘쳐흐를 정도로 흥미가 매우 많다.'라는 뜻입니다.

어휘 활용하기 본문 34쪽

1 ② 　　　　　　　　　 2 ②

1 이 글에서는 주로 건우가 주말농장에 가서 애벌레를 관찰한 내용을 다루고 있습니다.

2 ㉠은 '달려 있거나 붙어 있는 것을 잡아서 뜯거나 떼다.'라는 뜻으로 쓰였으며, ②에서도 같은 뜻으로 쓰였습니다.

오답 풀이
① '내기나 경기, 도박 등에서 이겨 돈이나 상품을 얻다.'라는 뜻으로 쓰였습니다.
③, ④ '꽉 닫혀 있는 것을 열다.'라는 뜻으로 쓰였습니다.
⑤ '말이나 글 등에서 한 부분을 끌어다 쓰다.'라는 뜻으로 쓰였습니다.

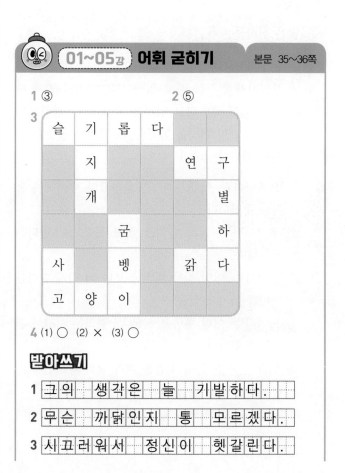
01~05강 어휘 굳히기 본문 35~36쪽

1 ③ 　　　　　　　　　 2 ⑤

3

슬	기	롭	다		
	지			연	구
	개				별
		굼			하
사		벵		갉	다
고	양	이			

4 (1) ○ (2) × (3) ○

받아쓰기

1 그│의│ │생│각│은│ │늘│ │기│발│하│다│.
2 무│슨│ │까│닭│인│지│ │통│ │모│르│겠│다│.
3 시│끄│러│워│서│ │정│신│이│ │헷│갈│린│다│.

4	몸	을		앞	으	로		수	그	렸	다	.		
5	두	루	뭉	술	하	게		말	하	지		마	.	

1 '어스름하다'는 '조금 어둡다.'를 뜻합니다. 아침 해가 떠올라 주위가 환해지는 상황을 나타낸 것이기 때문에 '어스름하다'는 문장의 내용과 어울리지 않습니다.

오답 풀이

① '톨'은 '밤이나 곡식의 낱알을 세는 단위.'를 뜻합니다.

② '늘리다'는 '물체의 넓이, 부피 등을 원래보다 크게 하다.'를 뜻합니다.

④ '건성'은 '정성을 들이지 않고 성의 없이 대강 하는 것.'을 뜻합니다.

⑤ '깊다'는 '위에서 밑바닥까지 또는 겉에서 속까지의 거리가 멀다.'를 뜻합니다.

2 '어떤 일이나 사물의 속 내용은 잘 모르고 겉만 건드림을 뜻하는 말.'은 '수박 겉 핥기'입니다.

3 (생략)

4 많은 신하들은 한글을 만들면 중국과 사이가 나빠진다는 점을 내세워 한글을 만들어 백성들에게 알리는 것을 반대했습니다.

06강 어떤 성격을 갖고 싶나요?

어휘 더하기

본문 39쪽

1 잊어버리고   2 잃어버린

1 약속을 깜빡 기억하지 못하게 된 것이므로 '잊어버리고'가 알맞습니다.

2 물건을 찾고 있으므로 자신도 모르게 물건이 없어진 상황입니다. 이럴 때는 '잃어버린'이 알맞습니다.

어휘 다지기

본문 40~41쪽

1 (1) ③ (2) ①
2 (1) 겸손하다 (2) 호탕하다 (3) 고집불통
3 (1) 잊어버렸어요 (2) 잃어버렸어요
4 (1) 호탕 (2) 겸손 (3) 심술궂 (4) 괄괄

1 (1) '자기의 생각이나 주장을 굽힐 줄 모르고 고집이 세다.'라는 뜻을 가진 낱말은 '고집불통'입니다.

(2) '활달하고 씩씩하며 시원시원하다.'라는 뜻을 가진 낱말은 '호탕하다'입니다.

2 (1) 자신이 상을 받은 이유를 그저 운이 좋았다고 말하고 있습니다. 자신을 낮추는 마음을 보여 주고 있으므로 '겸손하다'가 알맞습니다. '거만하다'는 '잘난 체하며 자기보다 남을 낮추어 보다.'라는 뜻의 낱말입니다.

(2) 시원스러운 말투로 말하는 어린이의 모습은 '호탕하다'고 할 수 있습니다. '소심하다'는 '겁이 많아 대담하지 못하고 지나치게 조심스럽다.'라는 뜻의 낱말입니다.

(3) 아이가 아이스크림을 먹겠다는 자신의 주장을 굽히지 않고 있으므로 '고집불통'이라고 표현할 수 있습니다. '살갑다'는 '마음씨나 태도가 다정하고 부드럽다.'라는 뜻의 낱말입니다.

3 (1) 물병을 챙기겠다는 생각을 기억해 내지 못한 것이므로 '잊어버렸어요'라고 쓸 수 있습니다.

(2) 지갑이 없어진 상태이므로 '잃어버렸어요'라고 쓸 수 있습니다.

4 (1) 재아는 씩씩한 움직임과 시원시원하게 웃는 것을 보니 호탕한 성격의 어린이입니다. '호탕하다'는 '활달하고 씩씩하며 시원시원하다.'라는 뜻의 낱말입니다.

(2) 주아는 자신의 좋은 점을 자랑하지 않는 겸손한 어린이입니다. '겸손하다'는 '남을 귀중하게 여기고 자신을 낮추는 마음이 있다.'라는 뜻의 낱말입니다.

(3) 시진이는 친구를 때때로 괴롭히는 심술궂은 어린이입니다. '심술궂다'는 '남을 괴롭히거나 남이 잘

못되기를 바라는 마음이 많다.'라는 뜻의 낱말입니다.

(4) 준우는 성격이 급한 것을 보니 괄괄하다고 말할 수 있습니다. '괄괄하다'는 '성격이 몹시 강하고 급하다.', '목소리가 굵고 거칠면서 크다.'라는 뜻의 낱말입니다.

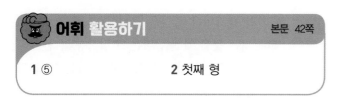

어휘 활용하기 본문 42쪽

1 ⑤   2 첫째 형

1 글쓴이는 사 형제 중에 넷째라고 했으니 막내입니다. 글쓴이는 자기를 '고집불통'이라고 소개를 했어요. '고집불통'은 '자기의 생각이나 주장을 굽힐 줄 모르고 고집이 셈. 또는 그런 사람.'을 뜻합니다.

오답 풀이
① 첫째 형은 글쓴이가 질문하는 것에 척척 대답해 준다고 했습니다.
② 둘째 형은 활달하고 씩씩한 성격으로, 목소리도 괄괄하다고 했습니다.
③ 둘째 형은 글쓴이와 잘 놀아 준다고 하였습니다.
④ 셋째 형과 종종 다투는 사람은 첫째 형이 아니라 글쓴이입니다.

2 '마음씨나 태도가 다정하고 부드럽다.'라는 뜻을 가진 말은 '살갑다'입니다. 살가운 성격을 지닌 사람은 첫째 형입니다.

07강 어떻게 표현하면 좋을까요?

그림으로 생각해 봐요 본문 43쪽

1 (가), (나), (다) 모두 동그라미
2 (다)   3 자유롭게 그려 보세요.

1 빨간색 선분의 길이는 모두 같습니다. 주변에 있는 다른 선이나 동그라미 때문에 눈이 착각을 일으켜서 길이가 달라 보이는 것이에요.

2 '잽싸다'는 빠른 동작을 나타내는 낱말이니까 힘차고 빠르게 달리는 치타 그림과 가장 잘 어울립니다.

3 눈, 코, 입, 귀를 중심으로 친구의 얼굴을 간단하게 그림으로 그려 보세요.

어휘 더하기 본문 45쪽

1 불완전   2 불편하다   3 부주의

1 '완전'의 앞에 '불(不)'을 붙이면, 반대말인 '불완전'이 됩니다.

2 '편하다'의 앞에 '불(不)'을 붙이면, 반대말인 '불편하다'가 됩니다.

3 '주의'의 앞에 '불(不)'을 붙이면, 반대말인 '부주의'가 됩니다. '불(不)'이 'ㄷ'이나 'ㅈ'으로 시작하는 말 앞에서는 '부(不)'가 되기 때문에 '불주의'가 아니라 '부주의'라고 해야 합니다.

어휘 다지기 본문 46~47쪽

1 (1) ㄹ (2) ㄱ (3) ㄴ
2 (1) 꼼꼼하게 (2) 잽싸게 (3) 효과적
3 (1) 간결하게 (2) 꼼꼼하게
4 ②

1 (1) '명확하다'는 '분명하고 확실하다.'를 뜻합니다.

(2) '정확하다'는 '바르고 확실하다.'를 뜻합니다.

(3) '간결하다'는 '글이나 말이 군더더기가 없이 간단하고 깔끔하다.'를 뜻합니다. 여기에서 '군더더기'란 '쓸데없이 덧붙어 있는 것.'을 뜻해요.

오답 풀이

ⓒ '태도나 상황이 분명하지 않다.'를 뜻하는 말은 '애매하다'입니다.

2 (1) 조심스럽게 주변을 살피는 상황과 어울리는 낱말은 '꼼꼼하다'입니다.

(2) 깜짝 놀라서 빠르게 달리는 상황과 어울리는 낱말은 '잽싸다'입니다.

(3) 어미 고라니를 따라 하면서 좋은 결과를 얻는 상황과 어울리는 낱말은 '효과적'입니다.

오답 풀이

• '굼뜨다'는 '움직임이 답답할 만큼 매우 느리다.'를 뜻합니다.

• '부정적'은 '바람직하지 못한 것.'을 뜻합니다.

• '허술하다'는 '꼼꼼하지 못하고 빈틈이 있다.'를 뜻합니다.

3 (1) '복잡하게'와 반대의 뜻으로 쓸 수 있는 낱말은 '간결하게'입니다.

(2) '대충대충'과 반대의 뜻으로 쓸 수 있는 낱말은 '꼼꼼하게'입니다.

4 '명확'의 반대말은 '불명확', '합격'의 반대말은 '불합격', '정확'의 반대말은 '부정확', '가능'의 반대말은 '불가능'입니다. 이들을 바르게 연결해 주기 위해서는 ②의 자리에 막대기를 붙여야 합니다.

어휘 활용하기   본문 48쪽

1 ⑤   2 ④

1 가족과 여행한 경험을 글로 써 오는 것이 방학 숙제인데, 글을 어떻게 써야 하는지 모르는 친구들을 위해 효과적으로 글을 쓰는 방법을 소개하고 있습니다.

2 '분명하지 않고, 확실하지 않다.'라는 뜻을 지닌 말은 '불명확하다'입니다.

오답 풀이

① '쓸데없다'는 '아무런 이익이나 쓸모가 없다.'를 뜻합니다.

② '빈틈없다'는 '어떤 것이 빠져 있거나 어떤 부분이 비어 있지 않다.'를 뜻합니다.

③ '불가능하다'는 '할 수 없거나 될 수 없다.'를 뜻합니다.

⑤ '불투명하다'는 '1. 물이나 유리 등이 맑지 않고 흐릿하다. 2. 사람의 말이나 태도, 벌어진 상황 등이 분명하지 않다.'를 뜻합니다.

08강 소리를 표현해 보아요

생각해 볼까요?   본문 49쪽

1 개굴개굴, 똑똑똑, 뽀드득, 퐁당퐁당
2 예시 답 ㉮ 와삭와삭, ㉯ 통통, ㉰ 딸랑딸랑

1 '뒤뚱뒤뚱'은 바로 서지 못하고 자꾸 이쪽저쪽으로 기울어지면서 쓰러질 것처럼 움직이는 모양을 뜻합니다. 소리가 아니라 모양을 흉내 낸 낱말입니다.

2 ㉮ 사과를 먹고 있는 모습이네요. 과일이나 과자를 베어 무는 소리를 나타내는 말은 '와삭와삭'입니다.

㉯ 공이 바닥에 튈 때 나는 소리는 '통통'으로 표현할 수 있습니다.

㉰ 작은 종이 울릴 때 나는 소리는 '딸랑딸랑'으로 표현할 수 있습니다.

어휘 더하기   본문 51쪽

1 퍼덕퍼덕   2 덜그럭덜그럭

1 모음 'ㅓ'가 쓰인 '퍼덕퍼덕'은 큰 새가 크게 자꾸 날개를 치는 소리를 흉내 낸 말입니다. 모음 'ㅏ'가 쓰인 '파닥파닥'은 작은 새가 가볍고 빠르게 계속해서 날개를 치는 소리를 흉내 낸 말입니다.

2 모음 'ㅓ'가 쓰인 '덜그럭덜그럭'은 크고 단단한 물건이 서로 자꾸 부딪치면서 나는 소리를 흉내 낸 말입니다. 모음 'ㅏ'가 쓰인 '달그락달그락'은 작은 물건이 서로 가볍게 계속 부딪쳐 연달아 나는 소리를 흉내 낸 말입니다.

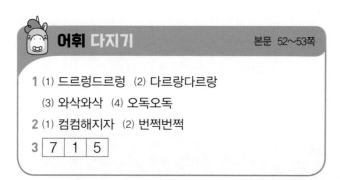

어휘 다지기 본문 52~53쪽

1 (1) 드르렁드르렁 (2) 다르랑다르랑
   (3) 와삭와삭 (4) 오독오독
2 (1) 컴컴해지자 (2) 번쩍번쩍
3 [7] [1] [5]

1 (1) 매우 요란하게 코를 자꾸 고는 소리를 흉내 낸 말은 '드르렁드르렁'입니다.
   (2) 조금 요란하게 코를 잇따라 고는 소리를 흉내 낸 말은 '다르랑다르랑'입니다.
   (3) 과일을 자꾸 베어 무는 소리를 흉내 낸 말은 '와삭와삭'입니다.
   (4) 사탕과 같이 작고 단단한 물건을 잇따라 깨무는 소리를 흉내 낸 말은 '오독오독'입니다.

2 (1) '컴컴하다'는 '사물이 보이지 않을 만큼 아주 어둡다.'라는 뜻으로 '캄캄하다'보다 센 느낌을 줍니다.
   (2) '반짝반짝'은 '작은 빛이 잠깐 잇따라 나타났다가 사라지는 모양.'을 뜻합니다. 이와 달리 '번쩍번쩍'은 '큰 빛이 잇따라 잠깐 나타났다가 사라지는 모양.'을 뜻합니다.

3 [처음] 단단한 물건을 마구 깨물어 씹을 때 나는 소리를 흉내 낸 말은 '우적우적'입니다.
   [가운데] 목이 멜 정도로 큰 목소리로 요란하게 우는 소리를 흉내 낸 말은 '꺼이꺼이'입니다.
   [끝] 잘 울리지 않는 물체를 잇따라 조금 세게 두드리는 소리를 흉내 낸 말은 '두덕두덕'입니다.

오답 풀이
② '타닥타닥'은 '콩깍지나 장작 따위가 타면서 가볍게 자꾸 튀는 소리.'나 '먼지만 날 정도로 가볍게 자꾸 두드리는 소리.'를 흉내 낸 말입니다.

③ '졸졸'은 '가는 물줄기 등이 계속해서 부드럽게 흐르는 소리.'를 흉내 낸 말입니다.
④ '까르르'는 '주로 여자나 아이들이 빠르게 잇따라 웃는 소리.'를 흉내 낸 말입니다.
⑥ '찰랑찰랑'은 '액체가 가득 차서 잔물결을 이루며 넘칠 듯이 자꾸 흔들리는 소리.'를 흉내 낸 말입니다.
⑧ '우지끈'은 '크고 단단한 물건이 부서지거나 부러지는 소리.'를 흉내 낸 말입니다.
⑨ '딸랑딸랑'은 '작은 방울이나 매달린 물건 등이 자꾸 흔들리는 소리.'를 흉내 낸 말입니다.

어휘 활용하기 본문 54쪽

1 ④   **2** ①

1 이 글은 '와삭와삭', '오독오독', '우적우적' 등과 같이 소리를 흉내 내는 말을 많이 사용하여 내용을 보다 실감 나게 전달하고 있습니다.

2 '와삭와삭'은 '마른 가랑잎이나 얇고 빳빳한 물건이 자꾸 서로 스치거나 바스러지는 소리.'나 '과일이나 과자 따위를 자꾸 베어 무는 소리.'를 나타내는 말입니다. 따라서 '떨다'라는 말과 어울리지 않습니다.

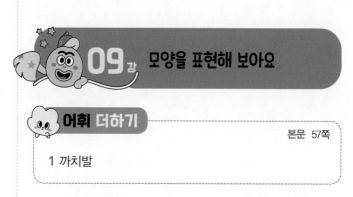

09강 모양을 표현해 보아요

어휘 더하기 본문 57쪽

1 까치발

1 민지는 키가 커 보이도록 하기 위해서 발뒤꿈치를 들고 발의 앞부분으로만 섰겠죠? 이러한 발 모양을 '까치발'이라고 합니다.

어휘 다지기

1 (1) ㉣ (2) ㉠ (3) ㉢

2 (1) 나달나달 (2) 터벅터벅 (3) 오순도순

3 (1) 깨금발 (2) 까치발

4 [첫 번째 화살] ②
　 [두 번째 화살] ④
　 [세 번째 화살] ⑤
　 [네 번째 화살] ⑦
　 [다섯 번째 화살] ⑩

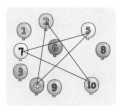

1 (1) '송골송골'은 '땀이나 물방울 등이 살갗이나 표면에 작게 많이 돋아나 있는 모양.'을 뜻합니다.

　 (2) '씨억씨억'은 '성질이 굳세고 활발한 모양.'을 뜻합니다.

　 (3) '오밀조밀'은 '꾸미거나 정리하는 것이 매우 꼼꼼하고 정교한 모양.'이나 '행동이나 태도가 매우 꼼꼼하고 자상한 모양.', '물건이나 건물 등이 빈틈없이 모여 있는 모양.'을 뜻합니다.

　 오답 풀이
　 ㉡ '촘촘하지 않고 매우 드문 모양.'을 뜻하는 말은 '듬성듬성'입니다.

2 (1) 책이 찢어질 정도라고 했으니까, '해지거나 찢어져서 여러 가닥으로 늘어져 자꾸 조금 흔들리는 모양.'을 뜻하는 '나달나달'이 들어가야 합니다.

　 (2) 피곤해서 느릿느릿 걷고 있는 상황이니까, '매우 느리게 힘없는 걸음으로 걸어가는 모양.'을 뜻하는 '터벅터벅'이 들어가야 합니다.

　 (3) 아이들이 병아리들처럼 사랑스럽게 모여서 논다고 했으니까, '정답게 이야기하거나 사이좋게 지내는 모양.'을 뜻하는 '오순도순'이 들어가야 합니다.

3 (1) 한 발을 들고 한 발로 서 있는 자세를 '깨금발' 또는 '깨끼발'이라고 합니다.

　 (2) 그림을 보니까 술래에게 들키지 않으려고 발뒤꿈치를 들고 조심스럽게 걷고 있죠? 이러한 발 모양을 '까치발'이라고 합니다.

　 오답 풀이
　 '모둠발'은 '가지런히 같은 자리에 모아 붙인 두 발.'을 뜻합니다.

4 [첫 번째 화살] '해지거나 찢어져서 여러 가닥으로 늘어져 자꾸 흔들리는 모양.'을 뜻하는 말은 '나달나달'입니다.

　 [두 번째 화살] '행동이나 태도가 매우 꼼꼼하고 자상한 모양.'을 뜻하는 말은 '오밀조밀'입니다.

　 [세 번째 화살] '매우 느리게 힘없는 걸음으로 걸어가는 모양.'을 뜻하는 말은 '터벅터벅'입니다.

　 [네 번째 화살] '정답게 이야기를 하거나 사이좋게 지내는 모양.'을 뜻하는 말은 '오순도순'입니다.

　 [다섯 번째 화살] '한 발을 들고 한 발로 섬. 또는 그런 자세.'를 뜻하는 말은 '깨금발'입니다.

　 오답 풀이
　 ① '송골송골'은 '땀이나 물방울 등이 살갗이나 표면에 작게 많이 돋아나 있는 모양.'을 뜻합니다.

　 ③ '씨억씨억'은 '성질이 굳세고 활발한 모양.'을 뜻합니다.

　 ⑥ '성큼성큼'은 '다리를 계속해서 높이 들어 크게 떼어 놓는 모양.'을 뜻합니다.

　 ⑧ '그렁그렁'은 '눈에 눈물이 넘칠 듯이 가득 고인 모양.'을 뜻합니다.

　 ⑨ '까치발'은 '발뒤꿈치를 들고 발의 앞부분으로만 서는 것.'을 뜻합니다.

 **어휘 활용하기**

1 ②　　　　　　　　**2** ④

1 '이번에는 꼭 이기고 싶기 때문입니다.'라는 내용과 '이번에도 옆 반에 지고 말았습니다.'라는 내용을 고려할 때 지난번 피구 시합에서도 승현이네 반이 옆 반에 졌다는 것을 짐작할 수 있습니다.

2 '씩씩'은 '숨을 매우 가쁘고 거칠게 쉬는 소리.'를 뜻합니다. 따라서 '씩씩'은 모양이 아니라 소리를 흉내 낸 말입니다.

10강 시간을 나타내 보아요

본문 63쪽

어휘 더하기

1 삽시간에   2 별안간

1 '삽시간'은 매우 짧은 시간을 가리킵니다. 빗방울이 하늘에서 떨어지는 사이의 시간입니다.

2 '별안간'은 눈 한 번 돌릴 사이의 짧은 시간을 의미합니다.

어휘 다지기

본문 64~65쪽

1 (1) ㉡ (2) ㉠ (3) ㉢
2 (1) 반나절 (2) 단박 (3) 보름
3 15
4

1 (1) '모처럼'은 '아주 오래간만에, 벼르고 별러서 처음으로.'를 뜻합니다.
  (2) '삽시간'은 '매우 짧은 시간.'을 뜻합니다.
  (3) '한창'은 '어떤 일이 가장 활기 있고 왕성하게 일어나는 때.'를 뜻합니다.

2 (1) 나무꾼이 한나절 만에 끝낼 일을 부지런히 해서 더 빨리 끝냈다는 의미가 들어 있으므로 '반나절'이 알맞습니다.
  (2) '단박'은 '그 자리에서 바로.'를 뜻합니다. 생일 선물로 받은 선물을 그 자리에서 바로 알아챘으므로 '단박'이라는 낱말이 알맞습니다.

(3) '보름'은 '십오 일 동안.'을 뜻하는 기간입니다. 다리를 다친 환자가 얼마 동안 쉬어야 나을 수 있는지 기간을 물어보고 있으므로 '보름'이 알맞습니다.

3 '보름'은 약 15일간을 뜻하는 말입니다.

4 ❶ '단박'과 비슷한말로 '단숨에, 즉시'가 있습니다.
  ❷ '모처럼'과 비슷한말로 '오랜만에'라는 낱말이 있습니다.
  ❸ '삽시간'과 비슷한말은 '한순간, 일순간'이 있습니다.

어휘 활용하기

본문 66쪽

1 ③   2 ②

1 농부는 어느 날 우연히 만난 행운이 다음 날에도 계속될 것으로 생각하였습니다. 그래서 보름 동안 일도 하지 않고 토끼가 나타나기만을 기다린 것입니다. 이 농부의 이야기는 노력은 하지 않고 행운만을 바라서는 안 된다는 교훈을 줍니다.

2 농부는 '어제' 그늘에 앉아 쉬고 있을 때, 달아나던 토끼가 나무에 부딪쳐 죽는 바람에 토끼 고기를 거저 얻었습니다. 농부가 바라는 것은 어제처럼 토끼 고기를 거저 얻는 것입니다.

06~10강 어휘 굳히기

본문 67~68쪽

1 ②   2 ④
3 ⑤   4 ③
5 ⑤

받아쓰기

1	괄	괄	한		목	소	리	로		말	했	다	.			

1 괄괄한 목소리로 말했다.

2 잽싸게 도망쳤다.

3 밤을 오독오독 씹어 먹었다.

4 오순도순 모여 앉았다.

5 삽시간에 물이 불어났다.

1 '겸손하다'는 '남을 귀중하게 여기고 자신을 낮추는 마음이 있다.'를 뜻합니다. 대화에서 담윤이는 운이 좋았다고 자신을 낮추어 이야기하는 모습에서 겸손한 태도를 지니고 있다는 것을 알 수 있습니다.

오답 풀이

① '괄괄하다'는 '성격이 몹시 강하고 급하다.'라는 뜻입니다.

③ '심술궂다'는 '남을 괴롭히거나 남이 잘못되기를 바라는 마음이 많다.'라는 뜻입니다.

④ '호탕하다'는 '활달하고 씩씩하며 시원시원하다.'라는 뜻입니다.

⑤ '거만하다'는 '잘난 체하며 자기보다 남을 낮추어 보다.'라는 뜻으로, '겸손하다'의 반대말입니다.

2 '효과적'은 '어떠한 것을 하여 좋은 결과가 얻어지는 것.'을 뜻합니다. 감기약을 먹었는데도 기침이 계속 나는 것은 좋은 결과라고 보기 어렵습니다.

오답 풀이

① '잽싸게'는 '눈치나 동작이 매우 빠르게.'라는 뜻입니다.

② '명확하게'는 '분명하고 확실하게.'를 뜻합니다.

③ '간결하게'는 '쓸데없이 덧붙어 있는 것이 없이 단순하고 간단하게.'라는 뜻입니다.

⑤ '꼼꼼하게'는 '빈틈이 없이 자세하고 차분하게.'를 뜻합니다.

3 '꺼이꺼이'는 '목이 멜 정도로 큰 목소리로 요란하게 우는 소리. 또는 그 모양.'을 뜻합니다. 민준이의 말에서 '으아앙!', '엉엉.'을 보면 울고 있다는 것을 알 수 있습니다.

오답 풀이

① '와삭와삭'은 '과일이나 과자 따위를 자꾸 베어 무는 소리.'라는 뜻입니다.

② '우적우적'은 '단단한 물건을 마구 깨물어 씹을 때 나는 소리. 또는 그 모양.'을 뜻합니다.

③ '다르랑다르랑'은 '조금 요란하게 잇따라 울리는 소리.'라는 뜻입니다.

④ '두덕두덕'은 '잘 울리지 아니하는 물체를 잇따라 조금 세게 두드리는 소리. 또는 그 모양.'을 뜻합니다.

4 '송골송골'은 '땀이나 물방울 등이 살갗이나 표면에 작게 많이 돋아나 있는 모양.'을 뜻합니다.

오답 풀이

① '오밀조밀'은 '꾸미거나 정리하는 것이 매우 꼼꼼하고 정교한 모양.'을 뜻입니다.

② '나달나달'은 '해지거나 찢어져서 여러 가닥으로 늘어져 자꾸 조금 흔들리는 모양.'을 뜻합니다.

④ '터벅터벅'은 '매우 느리게 힘없는 걸음으로 걸어가는 모양.'을 뜻합니다.

⑤ '씨억씨억'은 '성질이 굳세고 활발한 모양.'을 뜻합니다.

5 '단박'은 '그 자리에서 바로.'라는 뜻입니다. '오랜만'은 '어떤 일이 있은 때로부터 긴 시간이 지난 뒤.'라는 뜻입니다. '단박'과 '오랜만'은 반대의 뜻을 지닌 낱말입니다.

11강 장소를 나타내 보아요

어휘 더하기

본문 71쪽

2 엄마가 심부름을 시켰어요. (○)

어휘 다지기

본문 72~73쪽

1 (1) 길목 (2) 방향 (3) 국경

2 (1) 방향 (2) 끝 (3) 나중에   **3** ⑤

4

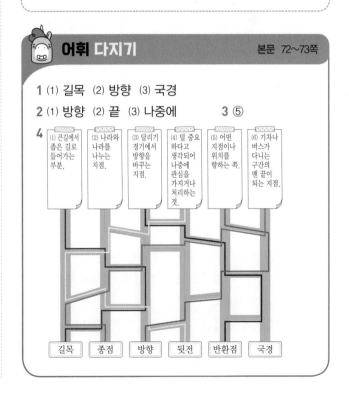

| (1) 큰길에서 좁은 길로 들어가는 부분. | (2) 나라와 나라를 나누는 지점. | (3) 달리기 경기에서 방향을 바꾸는 지점. | (4) 덜 중요하다고 생각되어 나중에 관심이나 가지거나 처리하는 것. | (5) 어떤 지점이나 위치를 향하는 쪽. | (6) 기차나 버스가 다니는 구간의 맨 끝이 되는 지점. |

| 길목 | 종점 | 방향 | 뒷전 | 반환점 | 국경 |

1 (1) 그림은 큰길에서 좁은 길로 들어가는 부분입니다. 이런 곳을 '길목'이라고 합니다.

(2) '방향'은 어떤 지점이나 위치를 향하는 쪽을 나타냅니다.

(3) 나라와 나라를 나누는 지점을 '국경'이라고 합니다. 국경은 산이나 강이 될 수도 있고, 국경을 맞대고 있는 나라끼리 서로 약속해서 정할 수도 있습니다.

2 (1) 달리기 경기에서 방향을 바꾸는 지점을 '반환점'이라고 합니다. '반환'은 왔던 길을 다시 돌아간다는 의미입니다.

(2) '종점'은 기차나 버스가 다니는 구간의 맨 끝이 되는 지점을 말합니다. 종점에서 '종(終)'은 '끝나다'라는 의미를 가진 한자입니다.

(3) '뒷전'에는 '덜 중요하다고 생각되어 나중에 관심을 가지거나 처리하는 것.'이라는 의미가 있습니다.

3 ㉠ '미루다'는 일이나 정해진 때를 나중으로 넘긴다는 뜻입니다. 노는 것을 우선으로 하고, 숙제를 나중에 하겠다는 뜻입니다. 따라서 '뒷전'이 빈칸에 들어가는 것이 어울립니다.

㉡ 버스에서 졸다가 마지막 정거장까지 가게 되었다는 말을 살펴보면, 버스가 다니는 구간의 맨 끝 지점인 '종점'이 들어가는 것이 알맞습니다.

㉢ 큰길을 지나가고 있다가, 왼쪽에 있는 길로 꺾으면 학교가 보인다는 뜻으로 짐작할 수 있습니다. 큰길과 좁은 길이 만나는 지점인 '길목'이 빈칸에 가장 잘 어울립니다.

4 (1) 길목: 큰길에서 좁은 길로 들어가는 부분.

(2) 국경: 나라와 나라를 나누는 지점.

(3) 반환점: 달리기 경기에서 방향을 바꾸는 지점.

(4) 뒷전: 덜 중요하다고 생각되어 나중에 관심을 가지거나 처리하는 것.

(5) 방향: 어떤 지점이나 위치를 향하는 쪽.

(6) 종점: 기차나 버스가 다니는 구간의 맨 끝이 되는 지점.

어휘 활용하기 본문 74쪽

1 (1) ○ (2) × (3) ○ **2** ③

1 지구 표면의 전체를 그린 지도는 세계 지도입니다. 약도는 간략하게 중요한 것만 그린 지도입니다.

2 약도에는 눈에 잘 띄는 곳이나 주요 길목이 간단하게 나타나 있다고 했습니다. 지역의 날씨는 약도에 담기지 않습니다.

12강 수업 시간에 자주 쓰는 말이에요

그림으로 생각해 봐요 본문 75쪽

1 (1) (나), (다) (2) (가), (라) **2** (다)

어휘 더하기 본문 77쪽

1 간추려서 **2** 생략하고

1 '중요한 내용을'이라는 점을 고려하면, '글이나 내용에서 중요한 점을 골라 간략하게 정리하다.'라는 뜻의 '간추려서'가 알맞습니다.

2 필요하지 않은 설명을 뺀다는 의미이므로 '생략하고'가 알맞습니다.

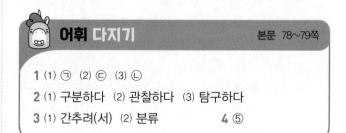

어휘 다지기 본문 78~79쪽

1 (1) ㉠ (2) ㉢ (3) ㉡

2 (1) 구분하다 (2) 관찰하다 (3) 탐구하다

3 (1) 간추려(서) (2) 분류 **4** ⑤

1 (1) '추천하다'는 '어떤 조건에 알맞은 사람이나 물건을 책임지고 소개하다.'라는 뜻입니다.

(2) '탐구하다'는 '학문 등을 깊이 파고들어 연구하다.'라는 뜻입니다.

(3) '예상하다'는 '앞으로 있을 일이나 상황을 짐작하다.'라는 뜻입니다.

2 (1) '구별하다'는 '성질이나 종류에 따라 갈라놓다.'라는 뜻입니다. '어떤 기준에 따라 전체를 몇 개의 부분으로 나누다.'라는 뜻을 가진 '구분하다'와 비슷한 말입니다.

(2) '살펴보다'는 '여기저기 빠짐없이 자세히 보다.'라는 뜻입니다. '사물이나 현상을 주의 깊게 자세히 살펴보다.'라는 뜻을 가진 '관찰하다'와 비슷한 말입니다.

(3) '탐구하다'는 '학문 등을 깊이 파고들어 연구하다.'라는 뜻입니다. '알려지지 않은 사물이나 현상을 찾아내거나 밝히기 위해 살피어 찾다.'라는 뜻을 지닌 '탐색하다'와 비슷한 말입니다.

3 (1) 국어 교과서를 읽고, 중요한 내용을 공책에 정리해야 하므로 '글이나 말에서 중요한 내용만 골라 간단하게 정리하다.'라는 뜻을 가진 '간추리다'가 어울립니다. 문장의 빈칸에 어울리도록 고치면 '간추려', 또는 '간추려서'가 알맞습니다.

(2) 버릴 것과 버리지 않을 것을 나누어야 한다는 의미이므로 '분류하다'가 알맞습니다. 빈칸 뒤에 '해야 해.'가 오므로, '분류'가 들어가는 것이 알맞습니다.

오답 풀이

• '생략하다'는 '전체에서 일부분을 줄이거나 빼어 짧게 또는 간단하게 만들다.'라는 뜻입니다.

• '예상하다'는 '앞으로 있을 일이나 상황을 짐작하다.'라는 뜻입니다.

4 밑줄 친 ⓔ가 있는 문장에 '앞으로는'이라는 낱말이 있어 '앞으로 있을 일이나 상황을 짐작하다.'라는 뜻을 가진 '예상해서'가 알맞다고 생각할 수 있습니다. 하지만 앞 문장을 살펴보면, 앞으로는 캔을 철 캔과 알루미늄 캔으로 나누어서 분리배출을 하겠다는 의미인 것을 알 수 있습니다. 따라서 ⓔ에 들어갈 말은 '분류해서' 또는 '구분해서'가 알맞습니다.

어휘 활용하기   본문 80쪽

1 (1) ○   **2** ⓛ − ⓖ − ⓒ

1 이 글의 첫 부분에 '이번 시간에는 가을 열매를 탐구해 보겠습니다.'라는 문장이 있습니다.

2 첫 번째 활동에서는 가을 열매에 무엇이 있는지 예상하고, 확인해 봅니다. 두 번째 활동에서는 가을 열매를 분류하고, 세 번째 활동에서는 가을 열매를 활용하여 열매 바구니를 꾸밉니다.

13강 식물이 자라는 모습을 살펴보아요

그림으로 생각해 봐요   본문 81쪽

2 (가) △   (나) □

어휘 더하기   본문 83쪽

1 메고   **2** 매야

1 가방을 드는 것이므로 '어깨에 걸치거나 올려놓다.'라는 뜻을 지닌 '메다'가 알맞습니다.

2 신발 끈을 꽉 묶어야 한다는 뜻입니다. 따라서 끈이나 줄로 묶어서 풀어지지 않게 만든다는 뜻을 지닌 '매다'가 알맞습니다.

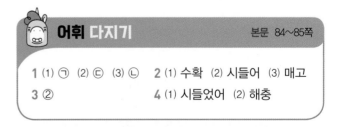

어휘 다지기   본문 84~85쪽

1 (1) ⓖ (2) ⓒ (3) ⓛ   **2** (1) 수확 (2) 시들어 (3) 메고

3 ②   **4** (1) 시들었어 (2) 해충

1 (1) '덩굴'은 '길게 뻗어 나가면서 다른 물건을 감기도 하고 땅바닥에 퍼지기도 하는 식물의 줄기.'를 뜻합니다.

(2) '영글다'는 '과실이나 곡식 따위가 알이 들어 딴딴하게 잘 익다.'라는 뜻입니다.

(3) '꼬투리'는 '콩을 싸고 있는 껍질.', '어떤 이야기나 사건의 실마리.'라는 뜻입니다.

2 (1) '캐다'는 '땅속에 묻힌 것을 파서 꺼내다.'라는 뜻으로, 밭에서 고구마를 '수확'한 상황을 표현한 말입니다.

(2) '시들다'는 '꽃이나 풀 따위가 말라 생기가 없어지다.'라는 뜻으로, 말라서 죽어 가고 있는 식물을 표현하는 데 알맞은 낱말입니다.

(3) 끈으로 묶는다는 뜻을 가진 낱말은 '매다'입니다.

오답 풀이

• '영글다'는 과일이나 곡식이 잘 익었을 때 쓰는 말이므로, 식물이 말라서 죽어 가고 있는 상황과 어울리지 않습니다.

• '메다'는 '어깨에 걸치거나 올려놓다.'라는 뜻으로, 리본을 묶을 때 사용하기에는 알맞지 않습니다.

3 ㉠에는 배추를 병들게 하는 것이 들어가야 합니다. 인간 생활에 피해를 끼치는 벌레인 '해충'이 가장 잘 어울립니다.

㉡에는 범인이 남겨 놓은 실마리를 잡았다는 뜻이므로, '어떤 이야기나 사건의 실마리.'라는 뜻을 지닌 '꼬투리'가 알맞습니다.

㉢ 가방을 어깨에 걸치거나 올려놓는 것을 '가방을 메다.'라고 표현하므로, '메고'가 알맞습니다.

4 (1)의 그림에서 생기가 없고 마른 모습의 상추를 가리키고 있으므로, '시들었어.'가 알맞습니다.

(2)가 생겨서 상추가 병이 들었다고 하였으므로, (2)에 들어갈 낱말은 '해충'이 알맞습니다.

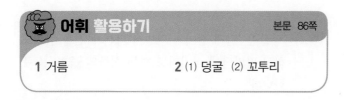

어휘 활용하기 본문 86쪽

1 거름   **2** (1) 덩굴 (2) 꼬투리

1 4월 30일에 작성한 재배 일지를 읽어 보면, 완두콩 잎에 까맣게 점이 생겨서 해충 약을 뿌리고 거름을 주었다는 내용이 나옵니다.

2 (1) 덩굴이 뻗어 나오기 시작하면 지지대를 세운다고 하였습니다.

(2) 꽃이 떨어지고, 그 자리에 완두콩 꼬투리가 맺힌 것을 보았다고 나와 있습니다.

14강 뉴스에서 자주 들을 수 있는 말이에요

그림으로 생각해 봐요 본문 87쪽

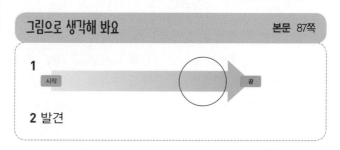

1

시작   끝

2 발견

어휘 더하기 본문 89쪽

1 닫혀서   **2** 다쳤어

1 열려 있던 문이 바람이 불어서 다시 제자리로 돌아가게 되었으므로 '닫혀서'가 알맞습니다.

2 손가락이 문에 낀 상황에는 '부딪치거나 맞거나 하여 몸이나 몸의 일부에 상처가 생기다. 또는 상처를 입다.'라는 뜻을 지닌 '다쳤어'가 알맞습니다.

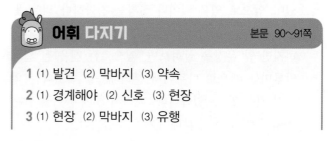

어휘 다지기 본문 90~91쪽

1 (1) 발견 (2) 막바지 (3) 약속
2 (1) 경계해야 (2) 신호 (3) 현장
3 (1) 현장 (2) 막바지 (3) 유행

4				
현	장	경	유	험
닫	행	계	명	막
히	계	하	다	바
동	위	다	치	지
유	행	지	발	다

('현장', '경계하다', '막바지', '유행' 동그라미 표시)

1 (1) '발견'은 '아직 찾아내지 못했거나 세상에 알려지지 않은 것을 처음으로 찾아냄.'이라는 뜻입니다.
(2) '막바지'는 '일이 거의 다 끝나 가는 단계.'라는 뜻입니다.
(3) '신호'는 '어떤 내용의 전달을 위해 서로 약속하여 사용하는 일정한 소리, 색깔, 빛, 몸짓 등의 부호.'를 뜻합니다.

2 (1) 지진이 있었다면 지진 해일을 조심하기 위해 바닷물의 흐름을 살펴봐야 한다는 내용이 들어가야 합니다. '뜻밖의 사고나 위험이 생기지 않도록 살피고 조심하다.'라는 뜻의 '경계해야'가 알맞습니다.
(2) '어떤 일이 일어났거나 일어날 것을 알려 주는 것.'을 뜻하는 '신호'가 들어가야 합니다.
(3) 파도가 휩쓸고 간 장소에 가지 않아야 한다는 뜻이므로, '일이 벌어졌거나 벌어지고 있는 곳.'이라는 뜻의 '현장'이 들어가야 합니다.

3 (1) 콘서트가 열리고 있는 장소에 갔다는 뜻이므로 '현장'이 들어가야 합니다.
(2) 콘서트가 거의 끝나갈 무렵이라는 뜻의 '막바지'가 들어가야 합니다.
(3) 많은 친구들이 한국어를 공부하고 있다는 앞 문장을 보면, 한국어를 공부하는 것이 널리 퍼지고 있다는 것을 알 수 있습니다. '무엇이 사람들에게 인기를 얻어 사회 전체에 널리 퍼짐.'이라는 뜻의 '유행'이 들어가야 합니다.

4 (1) '현장'은 '사물이 현재 있는 곳.'을 의미합니다.
(2) '경계하다'는 '뜻밖의 사고나 위험이 생기지 않도록 살피고 조심하다.'라는 뜻입니다.
(3) '막바지'는 '일이 거의 다 끝나 가는 단계.'라는 뜻입니다.

(4) '유행'의 뜻은 '무엇이 사람들에게 인기를 얻어 사회 전체에 널리 퍼짐.'입니다.

어휘 활용하기 본문 92쪽

1 ①   **2** (1) © (2) ㉠ (3) ©

1 안전한 물놀이 방법에 대한 글입니다.

2 (1) 물놀이를 하다가 입술이 파랗게 변하면, 체온이 떨어졌다는 신호이므로 물에서 나와 물기를 닦고, 몸을 따뜻하게 하여 휴식을 취해야 한다고 하였습니다.
(2) 해파리에 쏘였다면 빠르게 바닷물로 상처를 닦아 내고, 심하면 병원에 가야 한다고 하였습니다.
(3) 계곡에서 놀다가 비가 올 때에는 현장을 벗어나 높고 안전한 곳으로 이동해야 한다고 하였습니다.

15강 오늘의 날씨는 어떤가요?

그림으로 생각해 봐요 본문 93쪽

2 (가) 폭염 (나) 한파

어휘 더하기 본문 95쪽

1 묵은   **2** 묶어서

1 오랜만에 꺼낸 바지에 묻은 얼룩이라면 오래된 얼룩이겠죠? 상당한 기간이 지나서 오래된 상태라는 뜻의 '묵은'이 알맞습니다.

2 리본을 이용하여 포장을 한 상황입니다. '끈 등으로 물건을 잡아매다.'라는 뜻의 '묶어서'가 알맞습니다.

1 (1) ㉢ (2) ㉠ (3) ㉡
2 ①
3 (1) 묵은 (2) 궂은
4 (1) ② (2) ④ (3) ⑤ (4) ③

1	1	5	5	1	1	5	5	1	1
6	2	5	2	5	2	5	2	5	6
3	3	3	3	2	2	3	3	3	3
3	3	3	3	2	2	3	3	3	3
4	3	3	3	2	2	3	3	3	4
4	4	3	5	5	5	5	3	4	4
6	4	4	2	5	2	5	4	4	6
6	1	4	4	2	2	4	4	1	6
6	1	1	4	4	4	4	1	1	6
6	6	6	6	4	4	6	6	6	6

1 (1) '궂은'은 '험하고 나쁘거나 싫은.'이라는 뜻입니다.
(2) '예보'는 '앞으로 일어날 일을 미리 알림. 또는 그런 보도.'를 뜻합니다.
(3) '피서'는 '더위를 피하여 시원한 곳으로 옮김.'이라는 뜻입니다.

2 '너무 더워서 견디기가 힘들 정도야.'라는 뒤의 내용을 보면 ㉠에 들어갈 말은 '폭염'인 것을 알 수 있습니다. ㉡에 들어갈 낱말로 알맞은 것은 '한파'입니다. '갑자기 추워지면 집 밖으로 나가기가 싫던데.'라는 부분에서 '겨울철에 갑자기 기온이 내려가는 것.'인 '한파'를 의미한다는 것을 알 수 있습니다.

오답 풀이
• '피서'는 '더위를 피하여 시원한 곳으로 옮김.'이라는 뜻입니다.
• '동상'은 '심한 추위 때문에 피부가 얼어서 상하는 것.'을 뜻합니다.
• '피한'은 '피서'의 반대말로, '추위를 피하여 따뜻한 곳으로 옮김.'이라는 뜻입니다.

3 (1) 장독대에서 오래된 김치를 꺼낸다는 뜻이므로, '묵은'이 알맞습니다.

(2) 비가 내리고 바람이 부는 험한 날씨이므로, '궂은'이 들어가면 됩니다.

4 (1) '동상'은 '심한 추위 때문에 피부가 얼어서 상하는 것.'을 의미합니다.
(2) '묵다'는 '일정한 때를 지나서 오래된 상태가 되다.'라는 뜻입니다.
(3) '한파'는 '겨울철에 기온이 갑자기 내려가는 현상.'을 말합니다.
(4) '폭염'은 '아주 심한 더위.'를 뜻합니다.

1 ③   **2** ②, ④

1 궂은 날씨 때문에 걱정했지만, 다행히 제때 출발할 수 있었다는 내용이 있습니다. 비행기 출발 시간이 미뤄졌다는 것은 바르지 않습니다.

2 '그런데 출발하는 날 아침부터 눈보라가 휘몰아치고 한파가 심했다.'라는 문장을 살펴보면, 밑줄 친 '궂은 날씨'는 눈보라가 휘몰아치는 날씨, 갑자기 추워진 날씨를 말하는 것임을 알 수 있습니다.

1 ②   **2** ④   **3** ③
4 (1) 유행 (2) 현장 (3) 발견   **5** ②

받아쓰기

1

숙	제	를		뒷	전	으	로		미	루	지		마	.

2

색	깔	별	로		분	류	하	세	요	.

3

강	낭	콩		꼬	투	리	가		영	글	었	다	.

4

신	호	를		잘		지	켜	야		한	다	.

5

궂	은		날	씨	라		집	에		있	었	다	.

1 '길목'은 '큰길에서 좁은 길로 들어가는 부분.'을 뜻합니다.

2 '탐구하다'는 '학문 등을 깊이 파고들어 연구하다.'를 뜻합니다. 비슷한 뜻을 지닌 낱말로 '탐색하다'가 있습니다. '탐색하다'는 '알려지지 않은 사물이나 현상을 찾아내거나 밝히기 위해 살피어 찾다.'라는 뜻입니다.

오답 풀이

① '관찰하다'는 '사물이나 현상을 주의 깊게 자세히 살펴보다.'를 뜻합니다. '추천하다'는 '어떤 조건에 알맞은 사람이나 물건을 책임지고 소개하다.'라는 뜻입니다.

② '분류하다'는 '여럿을 종류에 따라서 나누다.'라는 뜻입니다. '추측하다'는 '어떤 사실이나 보이는 것을 통해서 다른 무엇을 미루어 짐작하다.'라는 뜻입니다.

③ '예상하다'는 '앞으로 있을 일이나 상황을 짐작하다.'를 뜻합니다. '구분하다'는 '어떤 기준에 따라 전체를 몇 개의 부분으로 나누다.'라는 뜻입니다.

⑤ '간추리다'는 '글이나 내용에서 중요한 점을 골라 간략하게 정리하다.'를 뜻합니다. '생략하다'는 '전체에서 일부분을 줄이거나 빼어 짧게 또는 간단하게 만들다.'라는 뜻입니다.

3 '수확하다'는 '익은 농작물을 거두어들이다.'라는 뜻입니다. 방울토마토를 먹기 전에 먼저 방울토마토를 수확해야 합니다.

오답 풀이

② '영글어서'는 '과실이나 곡식 따위가 알이 들어 딴딴하게 잘 익어서.'라는 뜻입니다. '과일이 영글다.', '곡식이 영글다.'와 같이 쓰입니다. 빈칸 앞에는 '방울토마토를'이라는 말이 있습니다. '방울토마토를 영글어서'라는 말은 맞지 않습니다.

4 (1) 빈칸 앞에 '요즘'이라는 말이 있습니다. 대화의 흐름을 볼 때, '무엇이 사람들에게 인기를 얻어 사회 전체에 널리 퍼짐.'의 뜻을 지닌 '유행'이 들어가야 합니다.

(2) 빈칸 바로 앞에 '사건'이라는 낱말이 나옵니다. 빈칸에는 사건이 일어난 장소를 의미하는 낱말이 와야 합니다. '일이 벌어졌거나 벌어지고 있는 곳.'이라는 뜻을 지닌 '현장'이 가장 잘 어울립니다.

(3) 사건이 일어난 곳에서 발자국을 찾았다는 내용이 나와야 합니다. '아직 찾아내지 못했거나 세상에 알려지지 않은 것을 처음으로 찾아냄.'이라는 뜻의 '발견'이 가장 잘 어울립니다.

5 ㉠ 전체 글의 흐름에서, 앞으로의 날씨를 알려 주는 내용임을 알 수 있습니다. '앞으로 일어날 일을 미리 알림. 또는 그런 보도.'라는 뜻을 지닌 '예보'가 들어가야 합니다.

㉡ 앞 문장에 '지난주부터 계속된 장마가 곧 끝난다'는 내용이 나와 있습니다. 따라서 '일이 거의 다 끝나 가는 단계.'를 뜻하는 '막바지'가 알맞습니다.

㉢ 빈칸 앞에 '날씨가 무척 더워지며'라는 내용이 나옵니다. 따라서 빈칸에는 '아주 심한 더위.'를 뜻하는 '폭염'이 들어가야 알맞습니다.

16강 예술을 가까이해 보아요

어휘 더하기

본문 103쪽

1 (1) ○   2 (1) ○

1 시곗바늘이 시각을 나타내고 있는 것은 '가리키다'를 사용합니다.

오답 풀이

• 맞춤법은 지식이므로, '가르쳐 주셨다'가 알맞은 표현입니다.

2 구구단을 외우는 방법을 알려 주었다는 의미로 쓰였으므로 '지식이나 기술 등을 설명해서 익히게 하다.'라는 뜻을 지닌 '가르치다'가 알맞습니다.

오답 풀이

• 손가락으로 장난감이 어디에 있는지 나타내는 것은 '가리키다'로 써야 합니다. '가리키다'는 '손가락이나 물건을 어떤 방향이나 대상으로 향하게 하여 다른 사람에게 그것을 알게 하다.'라는 뜻입니다.

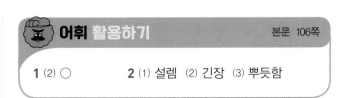

어휘 다지기
본문 104~105쪽

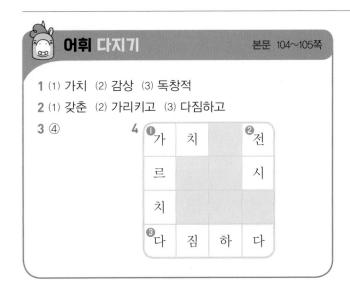

1 (1) 가치 (2) 감상 (3) 독창적
2 (1) 갖춘 (2) 가리키고 (3) 다짐하고
3 ④
4

①가	치		②전	
르			시	
치				
③다	짐	하	다	

1 (1) '가치'는 '의미나 중요성.'이라는 뜻을 지닌 낱말입니다.
(2) '감상'은 '예술 작품이나 경치 등을 즐기고 이해하면서 평가함.'이라는 뜻입니다.
(3) '독창적'은 '다른 것을 모방하지 않고 새롭게 독특한 것을 만들어 낸 것.'이라는 의미입니다.
2 (1) 할머니께 인사를 잘하는 태도를 지니고 있는 아이들에게는 예의를 갖추고 있다고 말할 수 있습니다.
(2) 시곗바늘이 시각을 나타내는 것은 '가리키고'로 표현해야 알맞습니다.
(3) 꾸준히 운동하기로 마음을 먹은 것을 표현할 수 있는 낱말은 '다짐하고'입니다.
3 친구들이 만든 이야기를 재미있게 잘 만들었다고 생각하였습니다. '다짐하다'는 '이미 한 일이나 앞으로 할 일이 틀림이 없음을 단단히 확인하다.'라는 뜻이므로 친구들의 이야기를 다짐한다는 말은 어색합니다. 여기에 들어갈 적절한 낱말은 '감상했는데'입니다. '감상'은 '어떤 일에 대하여 마음속에 일어나는 느낌이나 생각.', '예술 작품이나 경치 등을 즐기고 이해하면서 평가함.'이라는 뜻입니다.
4 〈가로 열쇠〉 ① '가치'는 '값이나 귀중한 정도.'를 뜻합니다. ③ '다짐하다'는 '마음을 굳게 먹고 뜻을 정하다.'라는 의미입니다.
〈세로 열쇠〉 ① '가르치다'는 '지식이나 기술 등을 설명하여 익히게 하다.'라는 뜻입니다. ② '전시'는 '찾아온 사람들에게 보여 주도록 여러 가지 물품을 한곳에 차려 놓음.'이라는 뜻입니다.

어휘 활용하기
본문 106쪽

1 (2) ○   **2** (1) 설렘 (2) 긴장 (3) 뿌듯함

1 더 열심히 그리지 못한 것을 후회한다는 내용은 나와 있지 않습니다.
2 (1) '어젯밤에는 설레어 심장이 두근두근거려서 잠도 잘 오지 않았다.'라는 부분에서 전시회에 가기 전에 설레는 마음이었음을 알 수 있습니다.
(2) 전시회장 앞에서 다른 사람들이 내 그림을 감상한다고 생각하니 떨렸다고 나와 있습니다. 이 감정을 드러내는 낱말은 '긴장하다'입니다. '긴장하다'는 '몸의 근육이나 신경이 지속적으로 움츠러들거나 흥분하다.'라는 뜻을 가지고 있습니다.
(3) 내 그림이 멋지게 보이기도 하고, 잘 그렸다고 칭찬해 주는 사람들이 많아 뿌듯했다는 내용을 보면 글쓴이의 마음이 '뿌듯함'으로 바뀐 것을 알 수 있습니다.

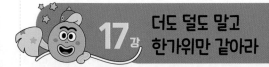

17강 더도 덜도 말고 한가위만 같아라

그림으로 생각해 봐요
본문 107쪽

1

차	연	바	산	소
례	자	공	울	서
여	전	성	필	송
바	거	묘	주	편
한	가	위	저	기

2 (1) (다) (2) (나) (3) (가)

1 빗어   **2** 빚는다

1 '빗다'는 '머리카락이나 털을 빗이나 손 등으로 가지런히 정리하다.'라는 뜻입니다. 머리를 가지런하게 해 달라고 하는 내용이므로 '빗어'가 알맞습니다.

2 만두를 만드는 것을 '만두를 빚는다.'라고 말합니다. '빚다'는 '곡물 가루를 반죽하여 음식을 만들다.'라는 뜻입니다.

어휘 다지기

본문 110∼111쪽

1 (1) 성묘 (2) 움큼 (3) 차례   **2** ④   **3** 맺혀
4 (1) 움큼 (2) 물들이다 (3) 산소

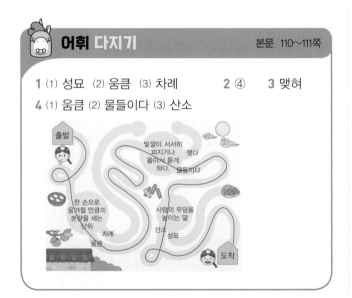

1 (1) '성묘'는 '조상의 산소에 가서 인사를 드리고 산소를 돌봄. 또는 그런 일.'을 뜻합니다.
(2) 한 손으로 움켜쥘 만한 분량은 '움큼'이라고 합니다.
(3) 그림을 보면 제사를 지내고 있음을 알 수 있습니다. 설날이나 추석 낮 시간에 지내는 제사를 '차례'라고 합니다.

2 봉숭아꽃을 따서 손톱에 얹어 손톱을 붉게 하는 것을 봉숭아 물들이기라고 합니다. '물들이다'는 '빛깔이 서서히 퍼지거나 옮아서 묻게 하다.'라는 뜻을 지니고 있습니다.

오답 풀이
① '머리를 빗습니다.'가 올바른 표현입니다.
② '송편을 빚고 있습니다.'가 맞는 표현입니다.
③ '움큼'은 한 손에 움켜쥘 만한 분량입니다. 그림의 꽃은 두 팔로 가득 안을 만큼이 되는 양입니다.

⑤ 도현이는 사과나무에 맺힌 사과가 아니라, 땅바닥에 떨어진 사과를 바라보고 있습니다.

3 장미 봉오리가 생겨나 가지 끝에 매달려 있는 모습, 이마에 땀방울이 매달려 있는 모습을 나타낼 수 있는 낱말은 '맺혀'입니다. '맺다'는 '물방울이나 땀방울 등이 매달리다.', '열매나 꽃 등이 생겨나거나 그것을 이루다.'라는 뜻을 지닌 낱말입니다.

4 (1) '한 손으로 움켜쥘 만큼의 분량을 세는 단위.'는 '움큼'입니다.
(2) '빛깔이 서서히 퍼지거나 옮아서 묻게 하다.'라는 뜻을 지닌 낱말은 '물들이다'입니다.
(3) '사람의 무덤을 높이는 말.'은 '산소'입니다.

어휘 활용하기

본문 112쪽

1 ⑤   **2** (1) ○

1 아버지의 옷에 대한 내용은 이 글에 나와 있지 않습니다.

오답 풀이
뒷산에 단풍이 든 모습을 뒷산이 울긋불긋 예쁜 가을 옷으로 갈아입는다고 빗대어 나타내었습니다.

2 주머니에서 한 움큼 꺼낸 밤을 받아 든 동생의 얼굴이 환해졌다는 데에서, 밤을 선물 받은 것이 기분 좋았다는 것을 짐작할 수 있습니다.

18강 '어린이 교통사고'를 예방하려면

그림으로 생각해 봐요

본문 113쪽

1 (1) △ (2) ○ (3) △ (4) ○

어휘 더하기

본문 115쪽

1 달렸어요   2 달였어요

1~2 집을 향해 뛰어서 빠르게 간 것이므로 '달렸어요'가, 약초에 물을 부어 우러나도록 끓인 것이므로 '달였어요'가 어울립니다.

어휘 다지기

본문 116~117쪽

1 (1) ㉢ (2) ㉠ (3) ㉡
2 (1) ㉢ 습관 (2) ㉡ 등교 (3) ㉠ 위험
3 (1) ㉣ (2) ㉡
4 집

1 '예방'은 '병이나 사고 등이 생기지 않도록 미리 막음.'을, '서두르다'는 '일을 빨리 하려고 침착하지 못하고 급하게 행동하다.'를, '주의하다'는 '마음에 새겨 두고 조심하다.' 또는 '어떤 상태나 일에 관심을 집중하다.'를 뜻합니다.

2 (1) '오랫동안 되풀이하는 동안에 저절로 익혀진 행동 방식.'을 뜻하는 낱말은 '습관'이므로 ㉢에 들어갈 낱말은 '습관'입니다.

(2) '학생이 학교에 감.'을 뜻하는 낱말은 '등교'이므로 ㉡에 들어갈 낱말은 '등교'입니다.

(3) '해를 입거나 다칠 가능성이 있어 안전하지 못함.'을 뜻하는 낱말은 '위험'이므로 ㉠에 들어갈 낱말은 '위험'입니다.

3 (1) '버릇'은 '오랫동안 자꾸 반복하여 몸에 익숙해진 성질이나 행동.'을 뜻합니다. 이와 비슷한 말은 '오랫동안 되풀이하는 동안에 저절로 익혀진 행동 방식.'을 뜻하는 낱말인 '습관'입니다.

(2) '등교'는 '학생이 학교에 감.'을 뜻합니다. 반대말은 '수업을 마쳐 학교에서 집으로 돌아옴.'을 뜻하는 낱말인 '하교'입니다.

4 ①은 '예방', ②는 '등교', ③은 '주의하다', ④는 '위험'입니다. 완성된 그림은 '집'입니다.

어휘 활용하기

본문 118쪽

1 어린이 교통사고   2 ①

1 이 글은 어린이 교통사고를 예방하려면 어떤 점을 주의해야 하는지 알려 주는 글입니다.

2 이 글에서는 비가 오는 날에는 길이 미끄러워 위험하므로 자전거를 타고 등교하지 않아야 한다고 했습니다.

19강 우산을 잃어버린 날

어휘 더하기

본문 121쪽

1 세다   2 새다

1 하나부터 열까지 수를 헤아리는 것이므로 '세다'가 어울립니다.

2 천장에서 물이 빠져나오는 것이므로 '새다'가 어울립니다.

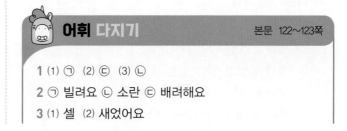

어휘 다지기

본문 122~123쪽

1 (1) ㉠ (2) ㉢ (3) ㉡
2 ㉠ 빌려요 ㉡ 소란 ㉢ 배려해요
3 (1) 셀 (2) 새었어요

2 글쓴이는 짝이 우산을 빌려준 덕분에 비를 맞지 않고 무사히 집에 도착했습니다. 우산을 빌려준 친구에게 편지를 써 고마운 마음을 전해야겠다고 했으므로 짝이 우산을 빌려준 것에 고마운 마음이 들었을 것입니다.

1 '분실하다'는 '자기도 모르게 물건을 잃어버리다.'를, '전하다'는 '어떤 것을 상대에게 옮겨 주다.' 또는 '어떤 소식, 생각 등을 상대에게 알리다.'를, '마음먹다'는 '마음속으로 어떤 일을 하겠다고 결심하거나 생각하다.'를 뜻합니다.

2 ㉠에 어울리는 낱말은 '(다른 사람의 물건이나 돈을) 나중에 돌려주기로 하고 얼마 동안 쓰다.'를 뜻하는 '빌리다'입니다. ㉡에 어울리는 낱말은 '시끄럽고 정신없게 복잡함.'을 뜻하는 '소란'입니다. ㉢에 어울리는 낱말은 '도와주거나 보살펴 주려고 마음을 쓰다.'를 뜻하는 '배려하다'입니다.

3 (1) 공원에 사람이 너무 많아서 수를 헤아릴 수 없다는 뜻이므로 '세다'의 '셀'이 어울립니다.
(2) 도시락 통에서 장조림 국물이 빠져나갔다는 뜻이므로 '새다'의 '새었어요'가 어울립니다.

4 '시끄럽고 정신없게 복잡함.'을 뜻하는 낱말은 '소란'입니다. '(다른 사람의 물건이나 돈을) 나중에 돌려주기로 하고 얼마 동안 쓰다.'를 뜻하는 낱말은 '빌리다'입니다. '도와주거나 보살펴 주려고 마음을 쓰다.'를 뜻하는 낱말은 '배려하다'입니다. '친구의 생일에 축하 편지를 써서'에 어울리는 낱말은 '전하다'입니다.

어휘 활용하기　　　　　　　　　본문 124쪽

1 ④　　　　　　2 ⑤

1 글쓴이는 잃어버린 우산을 찾기 위해 분실한 물건을 모아 둔 곳에도 가 보았지만 찾을 수 없었습니다.

20강 보물을 찾아 떠나는 모험

어휘 더하기　　　　　　　　　본문 127쪽

1 찢다　　　　　　　2 찧다

1 천을 잡아당겨 갈라지게 하는 것이므로 '찢다'가 어울립니다.

2 보리쌀을 절구에 넣고 내리치는 것이므로 '찧다'가 어울립니다.

어휘 다지기　　　　　　　　　본문 128~129쪽

1 (1) ㉢　(2) ㉡　(3) ㉠
2 (1) 화창하다-㉡　(2) 위급하다-㉢
(3) 변덕스럽다-㉠
3 (1) 찧은　(2) 찢어서　(3) 찧었어요
4

1 '상황'은 '일이 진행되어 가는 형편이나 모양.'을, '모험'은 '힘들거나 위험할 줄 알면서도 어떤 일을 함.'을, '요청하다'는 '필요한 일을 해 달라고 부탁하다.'를 뜻합니다.

2 (1) '날씨가 맑고 따뜻하며 바람이 부드럽다.'를 뜻하는 낱말은 '화창하다'이고, 해가 떠 있는 ⓛ의 그림과 어울립니다.

(2) '어떤 일이나 상태가 몹시 위험하고 급하다.'를 뜻하는 낱말은 '위급하다'이고, 건물에 불이 난 상황인 ⓒ의 그림과 어울립니다.

(3) '말이나 행동, 감정 등이 이랬다저랬다 자주 변하는 데가 있다.'를 뜻하는 낱말은 '변덕스럽다'이고, ㉠의 그림과 어울립니다.

3 (1) '곡식 등을 빻기 위해 절구에 넣고 내리치다.'를 뜻하는 '찧다'의 '찧은'이 어울립니다.

(2) '도구를 이용하거나 잡아당겨 갈라지게 하다.'를 뜻하는 '찢다'의 '찢어서'가 어울립니다.

(3) '어디에 부딪치다.'를 뜻하는 '찧다'의 '찧었어요'가 어울립니다.

4 ① '말이나 행동, 감정 등이 이랬다저랬다 자주 변하는 데가 있다.'를 뜻하는 '변덕스럽다'가 어울립니다.

② '날씨가 맑고 따뜻하며 바람이 부드럽다.'를 뜻하는 '화창하다'의 '화창한'이 어울립니다.

③ '어떤 일이나 상태가 몹시 위험하고 급하다.'를 뜻하는 '위급하다'의 '위급한'이 어울립니다.

어휘 활용하기   본문 130쪽

1 ⑤   **2** ③

1 제크와 친구들은 서로를 믿으며 끝까지 포기하지 않았기 때문에 보물을 찾을 수 있었습니다.

2 제크는 '어려운 일이 생겼을 때 서로 돕고, 기쁜 일은 함께 나눌 수 있는 내 주변의 사람들'이 진정한 보물이라고 생각했습니다.

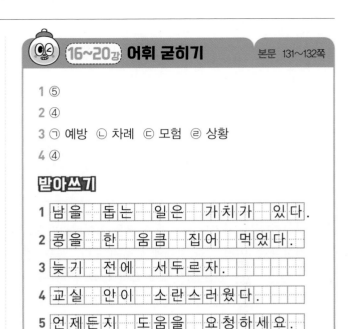

16~20강 어휘 굳히기   본문 131~132쪽

1 ⑤
2 ④
3 ㉠ 예방   ⓛ 차례   ⓒ 모험   ㉢ 상황
4 ④

받아쓰기

1 | 남 | 을 | | 돕 | 는 | | 일 | 은 | | 가 | 치 | 가 | | 있 | 다 | . |
2 | 콩 | 을 | | 한 | | 움 | 큼 | | 집 | 어 | | 먹 | 었 | 다 | . |
3 | 늦 | 기 | | 전 | 에 | | 서 | 두 | 르 | 자 | . |
4 | 교 | 실 | | 안 | 이 | | 소 | 란 | 스 | 러 | 웠 | 다 | . |
5 | 언 | 제 | 든 | 지 | | 도 | 움 | 을 | | 요 | 청 | 하 | 세 | 요 | . |

1 '분실하다'는 '자기도 모르게 물건을 잃어버리다.'를 뜻합니다. '(다른 사람의 물건이나 돈을) 나중에 돌려주기로 하고 얼마 동안 쓰다.'를 뜻하는 낱말은 '빌리다'입니다.

2 '등교'는 '학생이 학교에 감.'을 뜻합니다. '하교'는 '수업을 마쳐 학교에서 집으로 돌아옴.'을 뜻하는 말로, '등교'와 뜻이 반대인 말입니다.

3 (1) ㉠에 어울리는 낱말은 '예방'입니다. '예방'은 '병이나 사고 등이 생기지 않도록 미리 막음.'을 뜻합니다.

(2) ⓛ에 어울리는 낱말은 '차례'입니다. '차례'는 '추석이나 설날 등의 낮에 지내는 제사.'를 뜻합니다.

(3) ⓒ에 어울리는 낱말은 '모험'입니다. '모험'은 '힘들거나 위험할 줄 알면서도 어떤 일을 함.'을 뜻합니다.

(4) ㉢에 어울리는 낱말은 '상황'입니다. '상황'은 '일이 진행되어 가는 형편이나 모양.'을 뜻합니다.

4 글쓴이는 마음에 쏙 드는 그림을 발견했을 때 큰 소리를 낼 뻔했지만 다른 관람객들을 배려하여 참았다고 하였으므로 크게 소리를 질렀다는 설명은 어울리지 않습니다.

초등 국어 어휘

2단계
초등 1~2학년 권장

정답과 해설

📖 **EBS와 함께하는** # 자기주도 학습 초등·중학 교재 로드맵

		예비 초등	1학년	2학년	3학년	4학년	5학년	6학년

전과목 기본서/평가

만점왕 국어/수학/사회/과학
교과서 중심 초등 기본서

만점왕 통합본 학기별(8책) **HOT**
바쁜 초등학생을 위한 국어·사회·과학 압축본

만점왕 단원평가 학기별(8책)
한 권으로 학교 단원평가 대비

기초학력 진단평가 초2~중2
초2부터 중2까지 기초학력 진단평가 대비

국어

독해
4주 완성 독해력 1~6단계
학년별 교과 연계 단기 독해 학습

문학

문법

어휘
어휘가 독해다! 초등 국어 어휘 1~2단계
1, 2학년 교과서 필수 낱말 + 읽기 학습

어휘가 독해다! 초등 국어 어휘 기본
3, 4학년 교과서 필수 낱말 + 읽기 학습

어휘가 독해다! 초등 국어 어휘 실력
5, 6학년 교과서 필수 낱말 + 읽기 학습

한자
참 쉬운 급수 한자 8급/7급 II/7급
한자능력검정시험 대비 급수별 학습

어휘가 독해다! 초등 한자 어휘 1~4단계
하루 1개 한자 학습을 통한 어휘 + 독해 학습

쓰기
참 쉬운 글쓰기 1-따라 쓰는 글쓰기
맞춤법·받아쓰기로 시작하는 기초 글쓰기 연습

참 쉬운 글쓰기 2-문법에 맞는 글쓰기/3-목적에 맞는 글쓰기
초등학생에게 꼭 필요한 기초 글쓰기 연습

문해력
어휘/쓰기/ERI독해/배경지식/디지털독해가 문해력이다
평생을 살아가는 힘, 문해력을 키우는 학기별·단계별 종합 학습

문해력 등급 평가 초1~중1
내 문해력 수준을 확인하는 등급 평가

영어

EBS ELT 시리즈 | 권장 학년 : 유아 ~ 중1

EBS Big Cat
Collins **BIG CAT**
다양한 스토리를 통한 영어 리딩 실력 향상

EBS Big Cat
Shinoy and the Chaos Crew
흥미롭고 몰입감 있는 스토리를 통한 풍부한 영어 독서

EBS easy learning
easy learning
저연령 학습자를 위한 기초 영어 프로그램

독해
EBS랑 홈스쿨 초등 영독해 Level 1~3
다양한 부가 자료가 있는 단계별 영독해 학습

EBS 기초 영독해
중학 영어 내신 만점을 위한 첫 영독해

문법
EBS랑 홈스쿨 초등 영문법 1~2
다양한 부가 자료가 있는 단계별 영문법 학습

EBS 기초 영문법 1~2 **HOT**
중학 영어 내신 만점을 위한 첫 영문법

어휘
EBS랑 홈스쿨 초등 필수 영단어 Level 1~2
다양한 부가 자료가 있는 단계별 영단어 테마 연상 종합 학습

쓰기

듣기
초등 영어듣기평가 완벽대비 학기별(8책)
듣기 + 받아쓰기 + 말하기 All in One 학습서

수학

연산
만점왕 연산 Pre 1~2단계, 1~12단계
과학적 연산 방법을 통한 계산력 훈련

개념

응용
만점왕 수학 플러스 학기별(12책)
교과서 중심 기본 + 응용 문제

만점왕 수학 고난도 학기별(6책)
상위권 학생을 위한 초등 고난도 문제집

심화

특화
초등 수해력 영역별 P단계, 1~6단계(14책)
다음 학년 수학이 쉬워지는 영역별 초등 수학 특화 학습서

사회

사회 역사
초등학생을 위한 多담은 한국사 연표
연표로 흐름을 잡는 한국사 학습

매일 쉬운 스토리 한국사 1~2/**스토리 한국사** 1~2
하루 한 주제를 이야기로 배우는 한국사/ 고학년 사회 학습 입문서

과학

과학

기타

창체
창의체험 탐구생활 1~12권
창의력을 키우는 창의체험활동·탐구

AI
쉽게 배우는 초등 AI 1(1~2학년)
초등 교과와 융합한 초등 1~2학년 인공지능 입문서

쉽게 배우는 초등 AI 2(3~4학년)
초등 교과와 융합한 초등 3~4학년 인공지능 입문서

쉽게 배우는 초등 AI 3(5~6학년)
초등 교과와 융합한 초등 5~6학년 인공지능 입문서